最自在的是彩霞

— 臺大退休人員聯誼會

陳福成 編著

文 學 叢 刊

文史哲出版社印行

國家圖書館出版品預行編目資料

最自在的是彩霞：臺大退休人員聯誼會 / 陳福成編著.-- 初版 -- 臺北市：文史哲，民101.09 頁；公分（文學叢刊；274）
ISBN 978-986-314-065-8（平裝）

820.64　　　　101018207

文學叢刊 274

最自在的是彩霞

— 臺大退休人員聯誼會

編著者：陳福成
出版者：文史哲出版社
http://www.lapen.com.tw
e-mail：lapen@ms74.hinet.net
登記證字號：行政院新聞局版臺業字五三三七號
發行人：彭正雄
發行所：文史哲出版社
印刷者：文史哲出版社
臺北市羅斯福路一段七十二巷四號
郵政劃撥帳號：一六一八〇一七五
電話886-2-23511028・傳真886-2-23965656

定價新臺幣三〇〇元

中華民國一〇一年（2012）九月初版

ISBN 978-986-314-065-8　　08274

自序：本書寫作與編成動機說明

二〇一二年之春，我打算把歷年來，在本會（臺大退休人員聯誼會）任「書記」以來，歷年所寫旅遊紀行（以在本會《會務通訊》刊載過），編輯成書出版，即將完成之際，突然腦海中閃出一些感覺。

整本書都我在說，成了我「一家之言」，並未彰顯「臺大退聯會」若干事宜！亦未對這個團體中的諸君子女士們有何表彰論述！顯然與我當「書記」一職，不夠盡責（雖然「書記」只是本會的「黑官」）。於是，我有了另一種思維，抽掉自己的作品，從本會各種書面資料（會務通訊、理監事聯席會議、會員大會），整理出本書第一、二、三篇作品。（我手上資料不多，早期作品均欠缺）

整理本會相關文獻和作品，另有一個動機，本會的《會務通訊》等書面資料，因沒有 ISBN（國際出版品統一編碼），進不了圖書館。而本會在會訊刊載的作品，大多很有價值，深值流傳（必需進入圖書館），編輯成書、正式出版，使會員作品正式與公眾見面，且在圖書館典藏，相信也是本會諸君子淑女們所願。

現在，本書非我一家之言，而是臺大退休人員聯誼會的共同記憶。第一篇是退聯會簡史，第二篇是本會前輩老大哥的作品保存，第三篇是路老說古，第四篇是本會紀遊。一起走過的行跡腳印，是我們共同的美麗，最自在的彩霞。末了！最要感謝本會歷任理事長及現任理事長丁一倪教授，以及每天來上班的同仁們，他們苦幹實幹。（臺大退聯會「書記」陳福成草於二〇一二年春並於三月理監事聯席會提報。）

最自在的是彩霞
——臺大退休人員聯誼會

目 次

2011 年 11 月 23 日苗栗南庄一日遊

2009 年 11 月 18 日苗栗九華山一日遊，合影於金車威士忌酒廠前。（關麗蘇提供）

2008年6月18日在新社古堡，本書作者與前理事長沙依仁教授（左）合影。

2010年8月24日在宜蘭「藏酒莊」

9 照 片

2010 年 3 月 10 日在金山「燭臺雙峙」海岸

2010 年 3 月 10 日在金山「燭臺雙峙」

2010 年 10 月 13 日杉林溪二日遊

2010 年 4 月 22 日溪頭二日遊。
左起：李學勇教授、鍾鼎文教官、本書作者陳福成。

11 照 片

2010 年 4 月 21 日車埕聚落

與妻在後慈湖

2010 年 12 月 29 日會員大會後合影。左起：本書作者、王本源、方祖達、蔣教務長、關麗蘇、鍾鼎文、杜雅慧、車化祥、陳明珠、沙依仁、劉鵬佛、路統信、陳美枝。

在後慈湖與蔣公合照

參加臺大社團康樂活動，七人組成臨時合唱團，2011 年 11 月 10 日，在台大巨蛋。

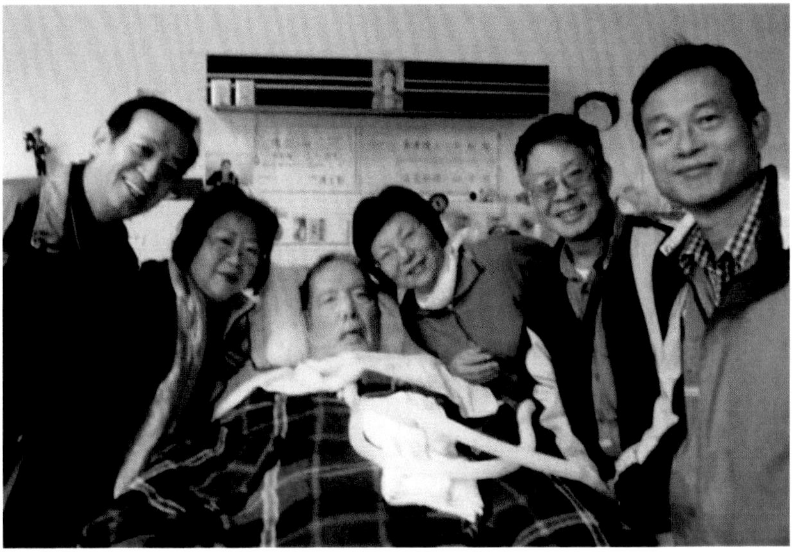

2011 年 12 月 16 日，到忠孝醫院探視「漸凍英雄」陳宏（左三），左起：吳信義、關麗蘇、劉學慧（陳宏妻、漸凍協會理事長）、陳福成、吳元俊。

2011 年 7 月 7-8 日，梅峰農場兩日遊。

2009 年 6 月 17 日，師兄弟三人行，阿里山。

2009 年 6 月 17 日，阿里山浪漫一景。

2010 年 9 月 11 日，南部某軍事基地內。

2011 年 5 月 25 日，好朋友聚會，台北。

感謝本會活動組長關麗蘇小姐，為臺大退休人員辦了無數快樂的活動，
祝福她永遠如這花樣快樂燦爛。

2009 年 6 月 18 日，奮起湖。

2006 年 12 月 5 日，會員大會後。正中是理事長沙依仁教授，副校長包宗和教授（左五）也蒞臨與會。

2010 年 4 月 21 日，溪頭兩日遊。

第一篇　臺大「退聯會」沿革與概況

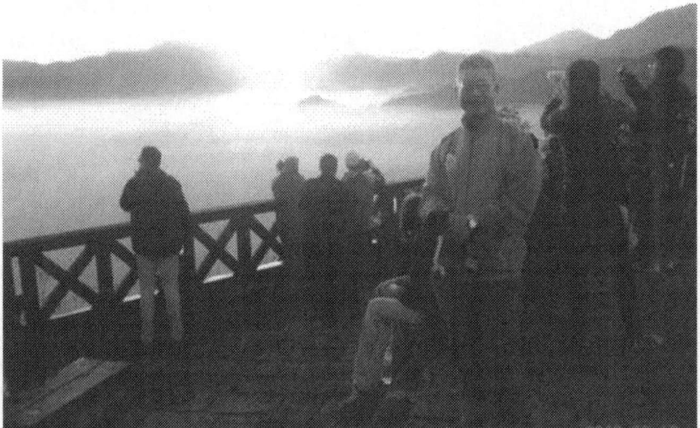

2009 年 6 月 18 日，阿里山之晨。　　俊歌攝

第一章　「臺大退聯會」的誕生與建構

——組織章程說明

「國立臺灣大學退休人員聯誼會」，英文名稱爲 National Taiwan University Retiree Association.簡稱 NTURA，這是前理事長沙依仁教授所提供；本書以下行文中文簡稱「臺大退聯會」，或「退聯會」、「本會」等。「本校」則指台灣大學。

本會的誕生日，以民國八十五年十二月二十八日成立大會，同日同時通過組織章程之日爲準。當然，在此之前已有一群本校退休前輩（應是第一屆理監事成員），在積極籌備，才能於是日使本會按時誕生，又通過了完備的組織章程，定下本會可長可久的基礎。是故，要理解本會概況、現況及運作，首先得概要了解組織章程講些什麼！

臺大退聯會的組織章程從誕生之日起，中間經五次修正，以最近一次民國九十五年十二月二十六日會員大會通過，共八章十五條，分別是總則、會員、會址、理事會、監事會、會議、經費和附則。第一條爲本會成立之宗旨、法源：

第一條　國立臺灣大學退休教職員工為加強聯誼，互助與服務，參與社會公益活動，維護其權益，提供建言，供學校決策參考，特組織「國立台灣大學退休人員聯誼會」，並為「國立臺灣大學教職員工文康推行委員會」之分會。（下以簡稱為「本會」）。

第一條雖律定本會成立之宗旨和法源，應也合於時代和「市場需要」，試想臺大數十年來有多少退休人員（判斷數萬以上），又是國內最高最大的大學，目前全校教職員工及各類學生，總數將近五萬人，比我國許多建交國家人口還多，退休人員怎能沒有一個合法的組織可以活動。是故，第二條申明成爲本會會員的條件：

第二條　國立臺灣大學退休之教職員工得申請經理、監事會議通過為本會會員。

會員須按會章繳納會費。

會員如欠繳會費，則暫停其權利，其欠費累計達一年者，次年元月起以書面通知其補繳，遭續三次通知而仍未繳交者，即停止其會籍。待其繳款後立即恢復其會籍。

任何人民團體（營利和非營利），理事會最爲重要，因爲理事會涉及未來整個團體的運作，組織能否推動？發揮宗旨所規定要達成的任務，都在理事會。換言之，理事會者「理事」也，就是要幹活啦！以下第四、五、六、七、八條，都是本會針對理事會相關規範：

第四條　本會設理事會，負責會務之規劃與執行。

第五條　理事會置理事十五人，候補理事五人，由會員大會選舉產生之，任期二年，連選得連任。

第六條　理事會置理事長一人，綜理會務，對外代表本會，並置副理事長一人，襄助理事長處理會務，理事長及副理事長由理事互選產生之，連選得連任一次。

理事會得聘請名譽理事長一人，名譽理事、顧問若干人，其聘期與理事、監事之任期同。

第七條　理事會之職掌如左：

一、舉辦各項聯誼性之旅遊、參觀、訪問活動。

二、舉辦各項醫療、保健、福利座談及講座。

三、維護退休教職員工之權益。

四、提供專業知識，參與學校及社會服務。

五、提供建言，供學校決策參考。

第八條 理事會下設秘書、會員、活動、服務、總務、會計等六組，各組置組長一人，工作人員若干人，由理事長提名，經理事會通過聘任之。各組之工作項目如左：

一、秘書組：辦理會議，文書、會務通訊等相關事宜。

二、會員組：辦理會員入會、會籍管理、會員聯繫等相關事宜。

三、活動組：辦理旅遊、參觀、訪問、座談、講座等相關事宜。

四、服務組：辦理會員服務，維護會員權益等相關事宜。

五、總務組：辦理物品採購、保管等事務性相關事宜。

六、會計組：辦理財務等相關事宜。

從第七條看本會職掌還真是豐富，旅遊、參觀、訪問、醫療、保健、福利、維護退休教職員權益、參與學校及社會服務、提供建言等。事實上，本會職掌（功能）不止這些，這只要看一下本會三種書面報告（會員大會、理監事會、會務通訊）就知道，不少於一個在職的科組。

以下各條分別針對監事會、會議、經費等規範，在我的印象中，本會算是「乖乖牌」，會務推動完全照組織章程所規定來，從未聞有不法作爲；乃至示威、抗議、霸佔主席台、相互叫罵等，從未見過，可謂模範團體。

第九條　本會設監事會、負責監督會務及財務之執行。

第十條　監事會置監事五人，候補監事人，由會員大會選舉產生之，任期二年，連選得連任。

第十一條　監事會置監事主席一人，由監事互選產生之，連選得連任一次。

第十二條　本會會員大會每年召開一次，由理事長主持；會員大會為本會最高決策機構，議決本會重要事項，會員大會須會員四分之一以上之出席始得開議。議案採多數決。

第十三條　本會理事會議，監事會議每三個月各召開一次，必要時得召開臨時會議，理事會議監事會議，亦得合開聯席會議。

第十四條　本會經費來源如下：

一、會員入會會費及年會費，金額暫定為入會費三百元，年會費三百元。永久會員於入會時，一次繳交三千元，其後終生不再繳費，中途不得要求退費。

二、國立臺灣大學補助。

三、會員之捐贈。

四、其他之收入。

第十五條　本章程經會員大會通過後實行，並報請國立臺灣大學備查，修正亦同。

組織章程的完備，有如一座屋子硬體建構的完成，未來有一批批「住戶」進住，那些住戶可能有小修訂，但通常基本結構、宗旨等不會改變，除非上層結構改變。本會是本校文康推行委員會之分會（第一條），當上層組織改變，其下各分會當然隨之變動。

任何合法、正式的團體，依法定程序通過了組織章程，也表示這個團體有了依法運作的法源。如同國家有了憲法，政府才能依憲法所規定組成，並依憲法所規定開始政務運作。這是一個現代國家（任何團體）推動政（事）務，很重要的基本觀念。

第二章 「退聯會」歷屆理監事成員組成

——代代傳承使退聯會正常運作

本會之誕生，當然要感謝「第一代的創會元老們」，因他們的努力，組織章程得以完成訂定到通過。這些元老大概就是第一屆的理監事成員，首屆理事長由前軍訓室總教官宣家驊將軍擔任，任期由民國八十六年元月一日到八十七年十二月三十一日；第二屆宣將軍再連任。之後第三屆理事長方祖達教授，至今已第八屆，現任理事長是丁一倪教授。（各屆理監事成員如下各表）

理監事的選舉和組成，幾乎是「確保」當屆退聯會可以正常運作，任務可以達成，並爲順利推動會務，通常按組織章程規定，理事會和監事會每三個月開一次，並得召開理監事聯席會議。歷屆理監事聯席會議的召開，會議內容（議程）包括主席報告、會務報告、各組工作報告、提案討論、臨時動議及其他臨時任務等。

第一屆　民國 86 年 1 月 1 日至 87 年 12 月 31 日						
	理事長	宣家驊	副理事長	彭振剛		
	理事	李學勇	萬能	楊維楨	郭寶章	曾廣財
		王本源	陳汝淦	王鴻龍	劉祥銘	董元吉
		黃秀實	張丙龍	歐陽儒驥		
	監事主席	羅聯添				
	監事	周駿富	李常鑿	蔣賢燦	鄧華	

第二屆　民國 88 年 1 月 1 日至 89 年 12 月 31 日						
	理事長	宣家驊	副理事長	方祖達		
	理事	李學勇	林參	楊維楨	郭寶章	曾廣財
		王本源	陳汝淦	王鴻龍	劉祥銘	鍾鼎文
		高萬成	車化祥	曾燕青	歐陽儒驥	
	監事主席	路統信				
	監事	周駿富	蔣賢燦	鄧華	吳琴萱	

第三屆　民國 90 年 1 月 1 日至 91 年 12 月 31 日						
	理事長	方祖達	副理事長	路統信		
	理事	李學勇	林參	黃秀實	郭寶章	曾廣財
		王本源	陳汝淦	王鴻龍	劉祥銘	鍾鼎文
		范信之	車化祥	曾燕青	吳銘塘	
	監事主席	宣家驊				
	監事	周駿富	蔣賢燦	鄧華	鄭義峰	

第四屆 民國 92 年 1 月 1 日至 93 年 12 月 31 日						
	理事長	楊建澤	副理事長	宣家驊		
	理事	方祖達	李學勇	林參	沙依仁	林添丁
		謝美蓉	徐玉標	康有德	鍾鼎文	王本源
		車化祥	路統信	曾廣財		
	監事主席	蔣賢燦				
	監事	鄧華	蕭富美	翁文	張甘妹	
候補理事	夏良玉	范信之	孫蓓蒂	陳汝淦	許文富	
候補監事	鄭義峰	朱鈞				

第五屆 民國 94 年 1 月 1 日至 95 年 12 月 31 日						
	理事長	沙依仁	副理事長	許文富		
	理事	方祖達	宣家驊	李學勇	王本源	林添丁
		路統信	朱鈞	吳元俊	夏良玉	陳汝淦
	理事兼組長	車化祥	謝美蓉	鍾鼎文		
	組長	劉鵬佛	林徐蘭香	范信之		
	監事主席	張甘妹				
	監事	楊建澤	蕭富美	陳雪嬌	劉秀美	

第六屆 民國 96 年 1 月 1 日至 97 年 12 月 31 日						
	理事長	沙依仁	副理事長	許文富		
	理事	夏良玉	林添丁	何憲武	吳元俊	李學勇
		路統信	王本源	陳美枝	茅增榮	
	理事兼組長	車化祥	鍾鼎文	謝美蓉	劉鵬佛	
	組長	關麗蘇	黃存仁	陳明珠		
	監事主席	張甘妹				
	監事	楊建澤	蕭富美	彭振剛	陳雪嬌	

第七屆（民國98年1月1日至99年12月31日）					
理事長	丁一倪				
副理事長	何憲武				
理　　事	許文富	夏良玉	謝美蓉	吳元俊	陳美枝
	路統信	林添丁	王本源		
理事兼組長	車化祥	劉鵬佛	陳明珠	黃存仁	鐘鼎文
組　　長	關麗蘇	杜雅慧			
監事主席	沙依仁				
監　　事	楊建澤	陳雪嬌	許雪娥	彭振剛	劉秀美

本會監事彭振剛先生於98年9月19日不幸病故往生，其遺缺由第一候補監事劉秀美女士遞補。

第八屆（民國100年1月1日至101年12月31日）					
理事長	丁一倪				
副理事長	何憲武				
理　　事	陳美枝	許文富	吳元俊	路統信	王本源
	謝美蓉	陳福成	林添丁		
理事兼組長	陳明珠	杜雅慧	黃存仁	劉鵬佛	鐘鼎文
組　　長	關麗蘇	呂淑貞			
監事主席	沙依仁				
監　　事	楊建澤	陳雪嬌	方祖達	許雪娥	
候補理事	陶錫珍	鄭太平	梁乃匡		
候補監事	劉秀美	梁乃匡			

呂淑貞女士於100年12月12日到任。

第三章 「退聯會」參加成員概況

臺大退聯會歷屆有多少成員？目前恐難以查考，因爲本會的《會務通訊》並未專責保存，非正式出版文件（無 ISBN 編碼），圖書館也不會收存。

幸好筆者手上最早第二十八期會務通訊，民國九十三年九月二十二日出刊。在本期的「會務動態」報告，本次理監事會議通過歡迎亓湘、徐國雄、楊長基、謝朝富、逄廣華、曾瓊華等六人入會，且都是永久會員。迄至本（93）年九月七日，本會在籍會員共計五二一人，扣除病故廿七人，他遷停權及退會八十七人，實際會員四〇七人，內含永久會員一九七人。

國立臺灣大學退休人員聯誼會　九十八年會員人數統計表 98.12

人數 單位	教			職			工			合計			備註
	男	女	計	男	女	計	男	女	計	男	女	計	
秘書室					2	2					2	2	
教務處				3	4	7	1		1	4	4	8	
學務處	3	3	6	4	10	14				7	13	20	含體育室
總務處				25	8	33	23	18	41	48	26	74	
會計室					6	6					6	6	
人事室					1	1					1	1	
圖書館				5	15	20				5	15	20	
軍訓室	22	4	26							22	4	26	
資訊中心					3	3					3	3	
文學院	12	4	16	2	2	4				14	6	20	
理學院	11	3	14	12	4	16				23	7	30	
社科學院	6	4	10	5	3	8	2		2	13	7	20	含法學院
醫學院	6	4	10	10	9	19	1		1	17	13	30	
工學院	5		5	2	2	4				7	2	9	
生資農學院	31	4	35	13	8	21	1		1	45	12	57	
管理學院	3	1	4	1	1	2				4	2	6	
公衛學院													
電機學院				1	1	2				1	1	2	
生科學院	1		1							1		1	
附設醫院				15	39	54	4	3	7	19	42	61	
總計	100	27	127	98	118	216	32	21	53	230	166	396	

附註：（一）本表人數統計系以在籍會員（扣除往生暨其他因故停退員外）。以實際會員列入統計。

（二）另有農業陳列館、農試所、實驗林、動物醫院、山地農場等列入生技農學院內列計特此說明。

民國九十八年的統計如表，總計是三九六人，減少了一些。到民國九十九年開會員大會（十二月二十九日），會員組有如下報告：

會員組（會計組陳明珠組長代爲報告）：

1.本校依規定屆齡退休及合於退休條件教、職員工，多集中於每年二月及八月辦理退休手續，本會均提前向人事室第三組，第四組承辦退休業務人鄒麗雲及周淑君二位，取得奉准人員資料後，分別辦理發函邀請其參加我們的行列，本（99）年共有七人完成入會申請。

2.至本（99）年十二月二十九日止，會員總編號爲六四〇，扣除往生、停權或退會者，現有實際會員三七七人（內含永久會員三〇九人，常年會員六十八人）。

九十九年　往生者：蔡凌功、林碧婄，共二名。

停權者：陳汝淦、劉生福、陳志明、賴燈炎、賴光隆、廖忠信、郭德盛、余業璇、陳俊宗、陳鳳娟，共十名。

九十九年　審查通過入會者：

99 年 審查通過入會者:

原服務單位	姓名	性別	備　註
進修推廣部	秦亞平	男	永久會員 98/12/31 入會
附設醫院	陳松男	男	永久會員 99/02/15 入會
園藝系	許圳塗	男	永久會員 99/03/20 入會
中文系	周富美	女	常年會員 99/03/30 入會
體育室	張子玉	女	永久會員 99/04/01 入會
政治系	呂亞力	男	常年會員 99/06/22 入會
生命科學系	陶錫珍	女	常年會員 99/08/30 入會

最新資料是民國一百年，會員總編號達到六五六號，前面各資料中，大名頂頂的呂亞力、陳鼓應教授也退出了熱鬧喧嘩的戰鬥舞台，向我們這寧靜自在的世界報到；還有體育系的陳國華教授也來報導，「退聯會」是退休人員的舞台，這是一個不爭不鬥的舞台，因爲所有工作人員都是「無給職」，大家想到的只有「布施」，布施時間、精神、能力或金錢財物。

分析民國一百年的會員結構，實際會員三八八人，內含永久會員三二二人，常年會員六十六人。與民國九十三年比較，永久會員大幅成長，但總人數爲負成長，本會恐要積極找「客戶」了。

100 年 01 月至 11 月新加入會員 16 名，目前會員總編號為 656, 扣除往生、停權及退會(268 人), 現實際會員 388 人(內含永久會員 322 人，常年會員 66 人)。

新加入永久會員計 15 名：

編號 641 邱阿謹組員 編號 642 郝正先組員

編號 643 劉珠嬋組長 編號 645 黃淑琴教授

編號 646 黃懿梅教授 編號 647 方黃裕教授

編號 648 陳國華教授 編號 649 柳中明教授

編號 650 魏素芬專員 編號 651 黃坤祥教授

編號 652 鍾以李技士 編號 653 張美麗組員

編號 654 賴爾柔副教授 編號 655 陳鼓應教授

編號 656 魏嘉碧技士

新加入常年會員計 1 名：

編號 644 曾萬年教授

由常年會員轉入永久會員計 2 名：

武崇孚祕書及林義男先生。

本年度已知往生者計 5 名：

黃銀晃組員. 戴文鎮 林仁壽 俞寬賜 及 黃涵教授。

第四章 退聯會的「延伸」事業

「退聯會」是本校退休人員的活動組織，但工作（職掌）似乎不比臺大任一科室少。例行的會務運作上，當然有賴各組長幾乎是全勤上班（無給職、志工），他們是秘書組劉鵬佛組長、資訊組黃存仁組長、會員組車化祥組長、活動組關麗蘇組長、會計組陳明珠組長、總務組鍾鼎文組長及檔案e化組杜雅慧組長。（以上各時期可能有不同）另有如果召開各種會議，也要不同的人員編組。

但本會的三大忙人應是秘書組劉鵬佛組長、活動組關麗蘇組長和理事長丁一倪教授。

先說秘書組劉鵬佛組長，他近幾年開始辦「評古說今」，以

九十九年度會員大會工作人員

報到組	關麗蘇　柯碧蓮　謝美蓉　陳雪嬌　徐蘭香　劉秀美　翁　文
收費組	陳明珠　謝玉美
摸彩組	王本源　王鴻隆　阮志豐　方祖達
會務組	關麗蘇　陳明珠　鐘鼎文　劉鵬佛
司儀	陳美枝
照相	吳元俊
會場佈置	陳美枝
大會手冊	丁一倪

民國一百年爲例，共辦了十場如次。

1.第一場由徐玉標教授主講：埃及艷后（100/01/18，臺灣大學校總區望樂樓二樓本會辦公室）。

2.第二場由方祖達教授主講：當中國統治世界　台灣往何處走（100/04/19，臺灣大學校總區望樂樓二樓本會辦公室）。

3.第三場由陳福成主任教官（名作家）主講：找尋理想國（新書發表）（100/05/17上午，臺灣大學校總區望樂樓二樓本會辦公室）。

4.第四場由洪泰雄主任（本校註冊組主任）主講：「健康瘦身代謝平衡」（100/06/21上午，臺灣大學校總區第二會議室）。

5.第五場由吳信義主任教官主講：淺談什麼叫思想?·思想詮釋（100/07/13 上午，臺灣大學校總區望樂樓二樓本會辦公室）。

6.第六場由華陽居士江奎章先生主講：依人相學來認識自己（100/08/10 上午，臺灣大學校總區望樂樓二樓本會辦公室）。

7.第七場由本校植物系名師李學勇教授主講：楓槭樹之區別（100/09/20 中午，臺灣大學校總區第四會議室）。

8.第八場由陳定中將軍（前內政部役政司長）主講：從中國大陸第一艘航空母艦談中美軍事競賽（100/10/26 上午，臺灣大學校總區第二會議室）。

9.第九場由本會路統信理事主講：水杉──植物的「活化石」樹（100/11/21 上午，臺灣大學校總區望樂樓二樓本會辦公室）。

10.第十場由沈世傑教授（本校動物學研究所名譽教授）主講：魚類的萬花筒世界（100/12/12 上午，臺灣大學校總區第三會議室）。

最忙的是活動組關麗蘇組長，她近幾年辦的國內外旅遊很多，以關組長所記得的整理如文後所列。

但以理事長丁一倪教授領銜，也開創更大的一片天，這是屬於兩岸，屬於全體中國人的春秋大業。可以說是把臺大退休人員除了吃喝玩樂之外，又領導著所有退休人員創造了「第二春」，這個第二春不是利己的，而是利人、利益眾生、利益我中華民族的豐功偉業。

可惜，吾人並無專責單位記錄歷屆理事長的事功，只能從筆者手上零星資料、本會會訊及開會資料，概略整理出部份事跡。資料時間以民國 98、99、100 三年為準。

△民國 98 年：

一、本會理事長丁一倪教授當選台灣科際整合研究會副理事（98/4/25），本會辦公室關麗蘇組長獲聘爲該會副秘書長（該會秘書長爲本校國發所邱榮舉所長），本會與該會將加強合作舉辦活動。

二、大陸國務院台灣事務辦公室等部委、福建省人民政府及福建省科學技術協會主辦之「海峽論壇」中「海峽兩岸科技社團合作與發展交流會」（98/5/15-19，廈門市），本會丁一倪理事長及路統信理事應邀參加。

三、二〇〇九海峽兩岸青年科學家論壇（98年8月底，濟南市南郊賓館）

本會理事長與山東省科學技術協會及香港科技協進會共同主辦：「二〇〇九海峽兩岸青年科學家論壇」（山東）。該論壇之主題爲：「新能源開發利用與可持續發展」（46期會訊）

四、本會爲有效維護大專院校退休同仁應有之福利和權益，與各大學退休聯誼會共同籌組「中華民國大專院校退休同仁協會」，串聯全國各大專院校退聯會，以期對考試院、立法院及政黨產生影響力，並與「全國大專教師會聯合會」（本會理事長爲該會現任理事長）共同捍衛大家權益。本會第七屆第二次理監事聯席會議（98/3/3）推薦本會理事長丁一倪教授、監事會主席沙依仁教授、監事楊建澤教授、理事黃存仁主任、理事吳元俊主任教官及前理事長方祖達教授等六人代長本會爲「中華民國大專院校退休同仁協會」發起人向內政部辦理立案。該會已於民國九十八年十二月二十六日上午，假國立臺灣師範大學校本部第一會議室召開成立大會，該會之成立將有助於本會從校內走入校際甚至國際，發揮組織力量維護退休同仁之權益與尊嚴，目前本會會員參加該會者計有：楊建澤教授、沙依仁教授、丁一倪教授、鍾鼎文理事、吳元俊理事、黃存仁理事、劉顯如先生、林參先生、楊長基先生、盧文華女士、梁乃匡教授。

△民國99年

一、「中華民國大專教師協會」正式成立，爲全國的大專在職及退休教師發聲。該會係由全國各大學教師會共同籌組，奉內政部核准籌設，結合全國各大專教師會力量，共同維護大專教師權益之團體。該會於民國九十九年二月二十七日上午，假台北市臺大校友會館A3會議室召開成立大會，教育部政務次長林聰明教授代表教育部親臨致詞。中華民國大專院校退休同仁協會理事長簡明勇教授亦應邀致詞。由於全教會大多數是中小學老師，大專教師的聲音相對微弱，加上中小學的教學性質與一般大專院校有很大的差異，關心的議題也不盡相同，因此才決定獨立成立大專教師會協會。成立後的工作重點包括確保公私立教師退休權益、改善私立大專院校教師的退撫制度、參與大學法及與高等教育政策相關的法規修訂、改善教師工作環境等。

「中華民國大專教師會協會」第一屆理監事名單如下：

理事長：丁一倪（國立台灣大學教師會理事長）

常務理事：唐麗英（國立交通大學教師會常務理事，前理事長）

黃維富（華夏技術學院教師會理事長）

郭明政（國立政治大學教師會理事，前理事長）

陳進成（國立成功大學教師會榮譽理事，前理事長）

二、第二屆海峽論壇中「海峽兩岸科技與經濟論壇」，於二〇一〇年六月十九—二十一日在廈門隆重舉行，本會丁一倪教授率團前往參加，本校參加者計有：

1. 蘇遠志（本校名譽教授、前農學院院長，國家生技醫療產業策進會顧問）
2. 潘子明（本校微生物與生化學研究所所長，台灣保健食品學會理事長）
3. 丁一倪（本校農化系兼任教授，中國海峽兩岸學術文化交流協會理事長）
4. 江淮（本校森林環境暨資源學系名譽教授）
5. 路統信（本校森林環境暨資源學系前技正，中華林學會前秘書長）
6. 吳元俊（本校前主任教官）

三、本會理事長代表本會參加全國 NGO 組織聯誼籌備會（99/08/25，YMCA 會議室）。

四、本會理事長應邀參加第八次全國教育會議（99/08/28-29，國家圖書館）。

五、海峽兩岸生命科學發展論壇及中國科學技術協會第十二屆年會，於 99/10/30-99/11/02 在福州隆重舉行，本會丁一倪教授率團前往參加，本校參加者計有：

1. 陳仲瑄（本校化學系教授、中央研究院院士）及夫人。
2. 方祖達（本校園藝系名譽教授）及夫人。
3. 丁一倪（本校農化系兼任教授，中國海峽兩岸學術文化交流協會理事長）。
4. 王亞男（本校森林環境暨資源學系教授，實驗林管理處處長）。
5. 蔡明哲（本校森林環境既資源學系教授）。
6. 孫岩章（本校植物病理與微生物學系教授）。
7. 蕭文偉（本校實驗林管理處研究員）。
8. 徐源泰（本校園藝系教授）。
9. 許輔（本校園藝系教授）。
10. 王明光（本校農化系教授）。

六、今年本校教職員工文康活動推行委員會擴大舉辦慶祝校慶系列活動。本會丁一倪理事長、關麗蘇組長及劉鵬佛組長被指派爲籌備委員，共開過五次籌備會議。

七、「中華民國大專院校退休同仁協會」目前本會會員參加該會者計有：楊建澤教授、沙依仁教授、丁一倪教授、鍾鼎文理事、吳元俊理事、黃存仁理事、劉顯如先生、林參先生、楊長基先生、盧文華女士、梁乃匡教授、鄭雪玫教授。

「中華民國大專院校退休同仁協會」第一屆理監事名單如下：

理事長：簡明勇（師大）

副理事長：丁一倪（臺大） 李久先（興大）

常務理事：王傳達（政大） 謝欽城（屏科大）

吳清熊（海大） 羅士凱（成大）

理事：謝文全（師大） 王希平（師大） 鮑麗（師大）

黃寶鈿（師大） 韓孟君（師大） 方鉅川（師大）

林信政（高應大） 張世賢（北大） 陳哲俊（央大）

邱蔡賢（陽明） 鄧漢華（政大） 陳幸臣（海大）

張一柱（海大） 吳燦郎（海大）

候補理事：楊長基（臺大） 吳武典（師大） 盧文華（臺大）

黃存仁（臺大）　孫誠（北大

常務監事：李燦榮（師大）

監事：張清郎（師大）　吳元俊（臺大）　沙依仁（臺大）

楊建澤（臺大）　莊作權（興大）　蔡崇名（高師大）

候補監事：梁乃匡（臺大）　黃存仁（臺大）

秘書長：陳秀雄

△民國100年

一、本會理事長丁一倪教授（以「中華民國大專教師會協會」理事長身份）與「中華民國大專院校退休同仁協會」理事長簡明勇教授連袂拜會教育部高教司何卓飛司長及立法院陳杰委員、洪秀柱委員、呂學樟委員、潘維剛委員及蔣乃辛委員就教育人員退休所得替代率提出具體建議：服務二十五年77％，二十五年以上每年增加2％至服務三十五年97％，三十五年以上每年增加0.5％至服務四十年99.5％（100/01/04）

二、本會理事長丁一倪教授參加「一百年度台北市教師會籌組教師工會走透透」講習會（2011/03/26，台北市成淵高中綜合教學大樓）。

三、本會理事長丁一倪教授參加銓敘部十八趴新改革方案講習會（2011/3/28，新北市政府行政大頁五樓會議室）。

四、本會理事長丁一倪教授參加教育部十八趴新改革方案講習會（2011/3/31，新北市政府行政大樓五樓會議室）。

五、本會理事長丁一倪教授應中國科學技術協會邀請，以台灣特邀代表身份參加該會第八次全國代表大會（100/05/26-100/05/31，北京市）。大會於5月27日上午在北京人民大會堂隆重開幕，大陸主要領導人胡錦濤、溫家寶、賈慶林、李長春、李克強、賀國強、周永康到會祝賀，習近平代表中共中央致祝詞。大陸國務院總理溫家寶就大陸科技發展問題向全體與會代表提出報告（五月二十八日上午，北京人民大會堂），他強調科技發展的未來決定著中國的未來，沒有基礎和前沿領域的原始創新，科技創新就沒有根基，加快科技發展必須深化體制改革。

六、河北石家庄信息工程職業學院台灣技職教育訪問團一行十五人來訪，由管理學系主任趙志恒教授擔任團長，本會理事長陪同參觀臺大校史館（100/08/18）。

七、本會理事長丁一倪教授參加教育部「吳部長與校長、教師、家長教育會談」（2011/08/20，教育研究院三峽總院區）。

八、學界支持馬英九總統競選連任餐會（100/10/19，臺北國軍英雄館），本會共十一人參加。

九、本會理事長參加「NGO 組織聯誼籌備會」（100/10/27，臺北 YMCA）。

十、團結自強協會主辦之「紀念國父誕辰千人大合唱」，馬總統親臨致詞，馬總統與吳院長並參加合唱（100/11/12，國父紀念館），本會共八人參加。

十一、本會理事長應邀參加「孫中山思想與全球中國人的未來」學術研討會，並擔任論文發表會主持人。（100/11/12，國父紀念館中山講堂）。

十二、臺北市教師會主辦之「總統候選人暨臺北市立委候選人教育政策座談會」（100/12/10，台北市議會九樓國際會議廳），本會汪淮教授及丁一倪教授二人參加。

十三、第三屆海峽論壇、海峽科技專家論壇及第四屆海峽兩岸科普論壇（100/06/11-100/06/15，廈門市）本會共六人參加：

林仁混（臺大醫學院生化暨分子生物研究所教授／中央研究院院士）主講：茶之保健原理：茶科學與茶文化之對談。

蕭水銀（臺灣大學醫學院藥理學研究所兼任教授／前所長）主講：從藥理觀點談養生保健的新觀念及警訊。

汪淮（臺灣大學森林系名譽教授）發表：臺灣森林遊樂之科普教育。

丁一倪　理事長。

關麗蘇　組長。

陳明珠　組長。

六月十一日晚，第三屆海峽論壇在廈門國際會展中心由大陸政協主席賈慶林宣佈論壇開幕。以擴大民間交流、加強兩岸合作、促進共同發展爲主題的海峽論壇，是專爲兩岸普通民眾而打造的交流平臺，是兩岸民眾平等參與的論壇。國民黨副主席曾永權在開幕式中致辭表示，兩岸關係已經邁向和平大道，開啓兩岸大交流、大合作、大發展的大時代。兩岸關係曾經經歷風風雨雨，我們要惜福感恩，珍惜得來不易的局面，千萬不能再走回頭路。

隨後觀賞群星雲集的「中華情‧海峽緣」綜藝晚會。本次晚會觀眾多達八千餘人，其中台灣嘉賓約六千人。晚會突出傳承中華文化的主題，由兩岸演員聯袂演出，節目有歌舞、魔術、雜搬、戲曲、器樂和時裝秀等，還有閩南文化、媽祖文化和客家文化元素，整場晚會充滿海峽特色。主要節目如下：

林志炫、陳思思演唱《兩岸同歌》、薩頂頂演唱《天地記》、中國雜技團表演大型雜技《騰韻頂碗》、阿寶演唱山西民歌《五哥牧羊》、小胖（台灣）演唱四川民歌《康定情歌》、阿魯阿卓演唱撒尼族民歌《遠方的客人請你留下來》、劉謙表演大型魔術《奇跡再現》、舞蹈《青花》，領舞：王亞彬、鄧麗君經典金曲聯唱，演唱者：桐瑤，劉家妏（台灣），王靜、昆曲《牡丹亭》、兩岸少年同台PK街舞、費玉清演唱《一剪梅》、毛阿敏演唱《渴望》、河南塔溝武術學校表演《中華武術》、文麗表演蒙古族歌舞、台灣歌唱家簡文秀演唱《那魯灣》。

六月十二日下午，第三屆海峽論壇主要活動之一，由中國科協搭建的兩岸科技界專業交流平臺——以「兩岸攜手，科普惠民」爲主題的「海峽科技專家論壇」在廈門海峽會展中心開幕，兩岸科技界近四百位專家學者、企業精英和社團領袖齊聚一堂，探尋合作共贏契機。

中國科協書記處書記張勤在開幕式中致辭表示，期待兩岸科技界、產業界抓住「潮平風正」的歷史機遇，緊緊圍繞和平發展大局，積極開拓兩岸科技合作交流的美好願景。

兩岸科技發展各有所長，大陸擁有體系完整、人力資源豐富、攻堅能力強等優勢；臺灣則在自主創新、吸收外來技術、市場化等方面略勝一籌。臺灣中華青年交流協會創辦人李鐘桂博士希望兩岸科技界互通有無、截長補短，在互動中互助，拓展更深層次的交流。

本會謝美蓉理事親自製作各式各樣精美手工藝品參展（關麗蘇攝，98.11.15）

本校創校 81 年校慶，本會配合校慶活動於 98.11.15 上午，假綜合體育館三樓國際會議廳，舉辦本校同仁著作及手工藝品展覽（關麗蘇組長提供）

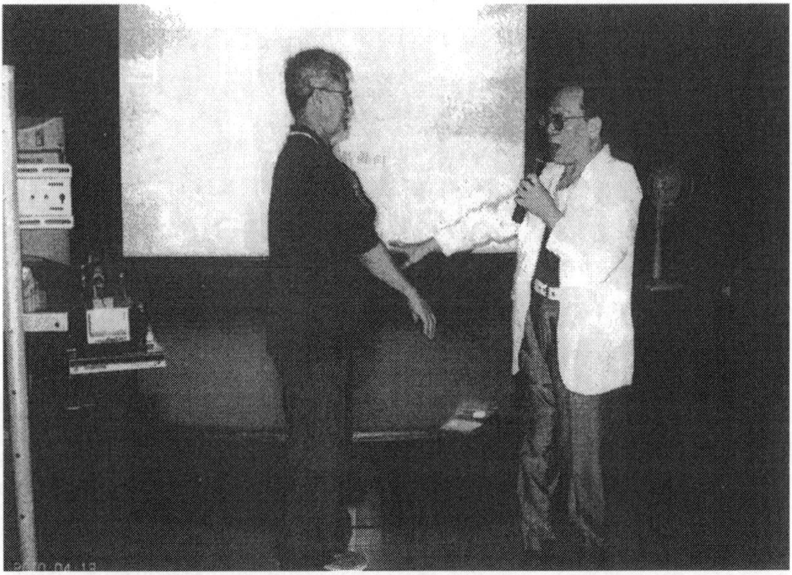

本會 99 年 1-4 月份會員慶生會邀請帶動唱天王戴南祥老師教大家帶動唱，並向壽星祝壽（關麗蘇攝，98.4.13）

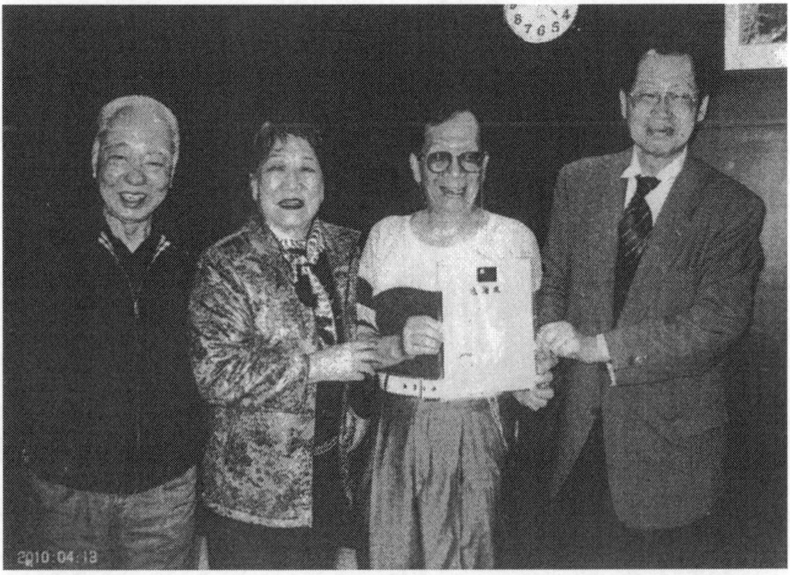

本會理事長丁一倪教授代表本會致贈感謝狀向帶動唱天王戴南祥老師表達誠摯的謝意。（左為戴老師的姊姊戴如松女士和姊夫）（關麗蘇攝，98.11.15）

本會 99 年度會員大會（99.12.29）會員踴躍出席，座無虛席。

本會 99 年度會員大會（99.12.29）「中華民國大專院校退休同仁協會」理事長簡明勇教授蒞會致詞

本校教職員工文康活動推行委員會頒獎暨慶祝校慶晚會（99.11.18），
本會方前理事長祖達領軍示範表演太極拳，獲得滿堂喝采。

本會 99 年度會員大會（99.12.29）本校教務長蔣丙煌教授蒞會致詞

上圖：苗栗南庄蓬萊護魚步道、力馬工坊、劍潭古道一日遊（100.5.19）參加人員合影。

左圖：本會理事長丁一倪教授以臺灣特邀代表身分應邀參加中國科學技術協會第八次全國代表大會（100.5.26-31，北京）

本會第七屆推動會務有功人員與蔣教務長合影 (99.12.29)
站立者自左至右：陳福成教官、王本源理事、方祖達教授、蔣教務長、關麗蘇組長、鍾鼎文組長、杜雅慧組長、車化祥組長、陳明珠組長、劉鵬佛組長、沙依仁教授、路統信理事、陳美枝理事。

參加上海世博蘇杭七日遊部份同仁與世博臺灣館葉總館長（右三）合影
（臺灣館提供，99.9.5）

△活動組組長關麗蘇任內經辦國內外旅遊活動：

民國九十五年：

三月：彰化、鹿港、田尾公路花園一日遊。

五月十七日：竹北、新竹一日遊。

八月九日：長庚養生村一日遊。

九月廿一日：東勢林場一日遊。

十月廿六日：竹北高鐵探索館一日遊。

民國九十六年：

三月廿一日：石門水庫一日遊。

四月十九日：關西、二寮神金勇有機農場一日遊。

五月：廈門、福州、武夷山遊。

六月：基隆、藍色公路、碧沙魚港一日遊。

九月十九日：宜蘭、海岸風光一日遊。

十月二日：十分寮有機農場、九份老街一日遊。

十一月廿二日：新社古堡花園、石崗水壩一日遊。

民國九十七年：

三月五日：礁溪、新寮瀑布、金棗園一日遊。

四月十六日：苗栗飛牛牧場、油桐花一日遊。

六月十八日：宜蘭藏酒莊、仁山植物園一日遊。

九月十七日：北部知性之旅。

十月廿二日：新社古堡、中部知性之旅。

十一月十九—廿日：墾丁、高雄高鐵二日遊。

民國九十八年：

二月廿五日：小烏來、綠光森林、大溪老街一日遊。

三月廿六日：宜蘭靈鳩山一日遊。

四月廿二日：大板根一日遊。

六月十七—十八日：阿里山奮起湖二日遊。

九月十六日：宜蘭天鵝湖一日遊。

十月十四日：桃園後慈湖一日遊。

十一月十八日：苗栗採果（泰安）、九華山一日遊。

民國九十九年：

三月十日：陽明山中山樓一日遊。

五月廿二—廿三日：溪頭二日遊。

九月十五日：林口竹林寺、明德水庫薰衣草園遊。

十月十二—十三日：杉林溪二日遊。

十一月廿五日：草嶺、大理、蘭陽博物館一日遊。

民國一百年：

三月八日：社子花卉廣場、十分寮一日遊。

四月廿九日：苗栗採草莓一日遊。

五月十九日：苗栗馬工坊一日遊。

七月七—八日：臺大山地農場二日遊。

九月：荷、比、法、盧森堡十天遊。

十月十九日：小烏來天空步道一日遊。

十一月廿三：苗栗向天湖賽夏族、蓬萊溪一日遊。

民國一〇一年：

三月七日：淡水、三芝賞櫻一日遊。

第二篇　臺大退聯會文存

2010 年 6 月 24 日，宜蘭「藏酒莊」。

第五章　檢討二〇一二大選經過及結果兼望馬當選後創新局

方祖達　理事

世界論壇報一月十七日稱：馬英九當選後，已無連任的壓力，但要名列青史，談何容易?必須拿出魄力，勇往直前，不能瞻前顧後遲緩、猶疑，用「九二共識」爲基礎，積極開拓大陸市場，爭取全球人才、資金、企業來台投資，壯大國家，讓人民都能快樂幸福，所以他的勝選連任，兩岸是關鍵，經濟求突破，提升競爭力，傾心聽民意，貫徹大改革。

話說台灣的政治到目前已形成了藍、綠二黨強烈對抗之局面，追溯六十多年來不斷地演變形成難以和解的現狀。光復之初政府缺乏對台灣民眾的瞭解，不幸發生了「二二八」事件，後形成藍綠二黨強烈的對抗。蔣經國總統晚年雖力求民主和協，建立十大建設和還政予民，但已被那些受日本皇民化及哈日派的士紳強烈反撲，更加李登輝爲政十二年之護航，培養出一批法界的辯嘴，擁出一個陳水扁來使願希望建立一個亞洲四小龍之一的工商業社會，引入落後無助的政經形態，他的無能貪污，終被人民唾棄，這種政治已將台灣經濟陷入極困難的地步，雖然四年前台灣人民覺醒，擁戴馬英九來拯救，但四年的馬執政，因缺乏政治經驗成熟的好團隊，在國內外萬變的環境中勉強踱過，因他的清廉、謙恭、民主、愛民、誠懇等還能夠平安，並低空渡過參選的困難，繼續四年的領導。

民進黨自四年前總統及立委選敗之後，黨內各派系湧出各個山頭，亦經民主方式選出形象似親新的女博士蔡英文爲黨主席，也順利被綠營推選爲總統的候選人，一時的形勢頗強，對馬英九的連任競選形成一大威脅。

自去年六月開始公佈今年一月十四日爲大選投票日，藍、綠總統候選人也已底定。在這個關鍵時刻，不意間跳出來親民黨黨主席宋楚瑜也宣佈參選。號召其舊班底諸將在報章、電視等媒體上大力鼓吹，以他十多年前擔任台灣省省長的政績自誇，由其班底諸將大罵國民黨及馬英九總統的無能，甚至罵出「誤國泱民」等不堪入耳的言詞。又在媒體上鼓吹能號召一百萬人的聯署，聲勢頗大，這種口號在台灣當今的一般民眾都心存看熱鬧似的。藍綠二黨也知道他是來擾局的。當然會影響藍票，而有利綠營，藍黨也知此惡作劇也只得忍耐等待，有待水準高的選民去做最後的評估。宋邀一位醫界耆老林瑞雄教授爲副手，引起許多笑話，此如他被監控及受電磁波的干擾等。在投票前二個月，宋的聯署總數不到三分之一。雖然也有一部份他的舊識同情他，但多以一笑置之。又如花蓮傅崐萁縣長在近投票前宣告挺馬不投宋讓大部份同情他的人也轉向棄宋保馬了。

蔡英文的參選經過

她是由民進黨各黨派選出來的黨主席，所以她競選總統也不得不左顧右盼去滿足黨的要求，她的選舉政見也相當混淆雜亂，從許多報端媒體的公開報導及轉述，也發現她的政見常是前後矛盾。茲列諸例如下：

1. 她既稱中華民國是流亡政府，否定這個國家，那她爲何要選這流亡政府的總統呢？
2. 她既不承認「九二共識」的存在，又要一廂情願的說要維持兩岸穩定的關係，可建立可長可久的互動架構。
3. 她既反對與大陸訂立 ECFA，又稱民進黨再返執政，會延續它。

4. 她向北京說她們是一個不一樣的民進黨，但她與扁、李、謝、辜獨是合體。
5. 她退休領了十八%，今又欲反十八%，是說一套做一套嗎？
6. 她擔任行政院副院長時要核四趕工，今要改變核四不商轉，並反對在台建國光石化。
7. 她所提出民進黨不分區立委名單，被外界強烈抨擊是黨內派系的分贓。
8. 她最後提名的副手是蘇嘉全，被外界批是南部的一大金牛，擁有豪華的大農舍，也佔據了農路，何來鉅大家產，月繳六十七萬的保險費！
9. 她的競選言論主張多是前後矛盾，許多話多是空話，故被稱爲空心菜（菜和蔡同音）。
10. 她提出台灣共識、黃金十年，無任何政策及內容，何能相信？

馬英九政府執政四年的成績

1. 開放兩岸政策、三通直航，每週直航班機已增至三八〇次。
2. 開放陸客來台觀光，年逾一六〇萬人次，近已有陸客來台自由行。
3. 簽署 ECFA 四年來台灣石斑魚出口比前成長八十七倍。

4.國內生產毛額（GDP）成長率創近二十四年來新高，去年達 10.82%。

5.觀光客來台人數創歷年歷史新高，去年達五五六萬餘人。

6.外銷及出口總值亦創新高、淡季不淡。

7.桃園機場貨運成長率爲亞洲四小龍第一。

8.民間投資增加，失業率下降，民間消費成長爲近十年來新高。

9.今年（2012）經濟總量預計達四千八百億美元，平均國民所得爲兩萬一千美元。

10.推動活絡外交，國人免簽證或落地簽證待遇，從扁政府時期只有五十四個國家，增到目前已有一二五個。

11.建立廉能政府，在全球一七八個國家中排名爲三十三名，年年提升。

以上這些馬政府領導的四年政績均已大大提升，但是政府還是常被反對黨罵爲無能，甚至被罵「誤國泱民」，爲何如此?其中最大的缺點就是執政黨缺乏反駁和宣導，或常是沉默或是沒有即時辯解。

馬英九總統的性格特質是清廉、多顧慮、欲做一個全民的總統，對南部民進黨執政的五個縣市，中央政府都多批給較多的補助資金，在任內遇到風災、水災，也很快治平，但這些政績都被民進黨執政的縣市佔有，也是因國民黨缺乏宣傳，讓多數人民不知道。

南部有很多地下電台，常配合地方政府宣染許多攻擊或抹黑中央政府的許多不是，以其宣傳販賣各種劣質藥材獲利與地方政府互相狼狽爲奸、中央政府久任其放肆，造成台灣南北文化及政經觀念的差別。

民進黨敗選的近因

1. 蔡英文對宇昌案始終不理會也不說明，增加選民的不信任。
2. 民進黨對紅柿每斤兩元的說法在欺騙柿農及選民。
3. 無任何證據來攻擊對方，不是抹紅就是抹黑。
4. 三隻小豬一時唱得很響，但也認爲是民脂民膏。
5. 在投票前、美國駐台代辦宣稱台胞旅美將予免簽的優待。但民進黨要求延緩，此爲何呢？即黨的利益高於國家？

投票前的國民黨的作為

號稱有百萬黨員的雄師也是最大黨的國民黨，除了四年前重還執政歡喜外，又遇到這一次艱難的競選。這半年來，藍黨上下都有些緊張，每一位忠黨愛黨的黨員都站出來揚旗吶喊，相當緊張。

1.黨內大動員，短短幾個月內，由黨組織領導召集基層密集開會聯繫，由縣市各區舉辦大小集會，配合總統、立法委員及黨組織三合一的佈局與宣導。

2.充分利用各報紙、電視、電台做競選的宣傳，雖然綠黨也有同等的宣傳，藍黨以公正公開的的不抹紅不抹黑的有憑有據的提出討論。

3.任由綠及橘二黨在媒體上批評或亂罵，或無事證的抹黑也不回應，或只用簡單的言語回應，目的在讓許多中間選民自己去選擇與判別。

4.藍黨依民意爲依歸，公佈出許多優秀年輕的各行不分區立委名單：讓中間選民去比較藍綠的差異。

5.積極並平衡各縣市的地方選票、大台北及桃竹苗保持固票、中、彰、苗也再接再勵，南部是綠營的票倉，國民黨爲了固票不再流失，不惜借用許多青年黨員去衝刺，去犧牲打。

6.馬總統夫人周美青長期赴全省各地拜票，她的樸實、誠懇受到各地男、女、老少的親切歡迎，是選戰一強棒。

7.東部花蓮有傅昆騏縣長公開挺馬，對棄宋保馬大有功效。

8.許多公正的電視媒體，不斷宣導選舉期間的藍綠雙方的評比，每週的民調，各候選人的背景、品格、財富及得失，做爲投票前的重要參政。

9.投票前不久台灣許多大企業家如張榮發、郭台銘、尹衍樑、嚴凱泰以及王雪紅等重量級都出來表態挺藍。

10.天佑台灣投票日無風無雨，開票統計宣告馬吳當選後，天才下雨。

小記：本文是本會方祖達教授於今（二〇一二）年二月「評古說今」時所提出，很警奇他的政治觀察分析力遠高於我這出身政治研究所，這篇短文講中了兩黨成敗的關鍵點。

第六章　陳橋兵變與杯酒釋兵權

方祖達　理事

前言：唐朝末年百姓生活窮苦，兵慌馬亂、盜賊四起，公元八七四年起經過十年黃巢等之亂，雖平，但終於被後梁朱全忠篡位，約六十年間以武力流傳梁、唐、晉、漢、周所謂的後五代。在周世宗柴榮執政時任用趙匡胤爲殿前都虞侯，公元九五六年攻打南唐時建立戰功，又對抗北漢時建立大功，從契丹手裡奪回燕雲地方的莫、瀛二洲，世宗欲再北上奪取幽州時突然發病，返都半個月後病逝時三十九歲，後周第三代年僅七歲的恭帝繼位，從北方國境傳來契丹和北漢聯軍大舉入侵急報。

陳橋兵變

恭帝派趙匡胤出戰迎敵，部隊走了一天的傍晚到達陳橋驛站駐紮，這支人數多達數萬的將兵私下祕密商議以爲年幼的陛下不會承認我們的多大戰功，不如擁護都檢爲皇帝才是上策。我們助其一臂之力，也是爲了我們自己，也可以說爲了社稷。不久這話傳入其弟趙匡義的耳裏。他立刻到趙普書記住處商議此事，認爲擁立爲帝並非問題，只是善後比較棘手，此時等不耐煩的將士們蜂擁而上大聲高喊「情勢緊急不要再拖延了，現在即刻宣布全軍擁戴！」趙普出面撫平群情激動的部將士卒說：爲了政局安定，防止外敵乘機入侵，諸位必須禁止部下的掠奪，才能廣收人心得到百姓的支持。這是趙匡胤親信爲其奪取政權而奠基的梗概。

　兵士們開始集結在驛門附近，興奮激動的諸將士卒包圍趙匡胤的露宿之處，天色未明，其弟趙匡義代表眾人的意思會見趙匡胤，他先拒絕執位之事，但眾人不管當事人的意見，開始一切行動，趙匡胤被眾人強硬地扛到門外時，諸將手持白刃並列在廣場上高喊：諸軍不能無主君，請即天子之位。這時已經有人衝向前去爲他披上天子的黃袍，屯時眾人的簇擁之下騎馬遊人高呼萬歲。他大聲宣布：你們服從我的命令嗎？眾人下馬遵守指示，並宣布皇太后和天子仍然依禮向北而事，對朝廷大臣絕對不能施暴，嚴禁騷擾破壞朝廷之倉和市民之家，遵從者重賞，違者處斬，眾人謹遵命令，回到開封城，舉行後周恭帝禪位儀式，恭帝被封爲鄭王，世代均受宋朝優厚的禮遇。

杯酒釋兵權

宋太祖即位後，首先要削減權臣的權力，加強君主的獨裁政權，遂於公元九六一年七月某日擺了一場盛大的筵席宴請禁軍將領們，正當眾人暢懷痛飲酒酣耳熱之際，屏退在席間陪侍的侍臣和歌舞管絃的美女，向諸將領說：首先感謝諸位的協助，我才能即位稱帝，不過坐在皇帝寶座的心情並非他人從旁所看的那麼容易，我不知節度使是否比較容易勝任，一向就沒有人願意代我當天子，好讓我能高枕無憂地安睡一晚，眾人連忙追問其緣由，他說如果大家想當天子呢？馬布軍都指揮使石守信說：不知陛下有何吩咐，命既天定，誰敢抱有異心？太祖則曰：我當然知道諸位將領的忠心，但萬一你們的部下懷有異心的話，又該怎麼辦？某天突然讓你們黃袍加身，豈不是又順理成章地即位為天子呢？他們聽了這番話立刻恍然大悟，立刻跪下，齊聲稟奏：臣等願聞其詳，太祖曰：古人有言人生苦短，求富貴者無不期望自己過著自由隨心所欲的生活，子孫也不虞匱乏，諸位不如解除兵權任節度使，買良田世代給子孫，每日設宴飲酒作樂享受天年。他們所信賴的所敬仰的天子既然如此坦誠直言，又有誰敢反對！

眾人趨前致謝，翌日紛紛託病辭官，宋太祖滿心喜悅批准他們的辭職，使其分別轉任節度使，這就是後代著稱的「杯酒釋兵權」的故事。又一次設宴請各地的節度使，在宋太祖眼裏這批雖曾立下大功，卻已年邁的武將已無多大的利用價值，他們紛紛自請解除節度使之職，告老返鄉了，奪權柄的政策就在和平的氣芬下進行成功了。

後語：宋朝共歷三一六年，北宋一二七年，南宋一八九年，政治採中央獨裁以考舉取才，重文輕武，武功衰退，國勢轉弱，觀念保守，朋黨傾軋，承受中國儒家治國思想，雖有諸子百家之言。併合各異族文化，開創中國的文藝復興時代，唐詩／宋詞至此已發揚至極時代，文史書畫藝人輩子。（會務通訊，第四十七期，九十八年十月十三日出刊。）

第七章　「牛轉乾坤」論傳承與遺願

鄭義峰教官

一、前言

今年是牛年，就用中華文化「牛轉乾坤」來說明傳承與遺願。這個國人的切身問題，在座老教授，都是飽學之士、學有專精，到了老耋之年，無私無我，將一生豐富經驗、智慧、見解，在「評古說今」裡，娓娓道來，備感溫馨。感受到真正實現自我價值，尋找到寄托心靈的精神殿堂。今天輪由本人報告，深感惶恐，一介武夫（教官）。在衆多教授尊前弄斧，徒耗時間。不過生此亂世，萬里飄泊。人海浮沈、知識經驗，來自生命博鬥。就以「扭轉乾坤」論傳承與遺願爲題，就教於各位教授方家。

二、牛轉乾坤釋義

今年「牛」年，即以扭轉乾坤爲題，源自易經，其意處亂世，就要用霹靂手段、翻天覆地、撥亂反正、處理問題。華夏文化，博大精深，淵遠流長，世上從無一本書，這樣古老，影響深遠，它是經典中之經典，哲學中的哲學、智慧中的智慧。起源於伏羲神農和黃帝。成熟于周文王、姜尙、周公、老子和孔子。發揚光大于張良、董仲舒、東方朔、司馬遷。自此以降，凡能翻天覆地、扭轉乾坤大人物，無不精通易經，故易經一直是儒家必修經典。唐朝宰相虞世南曾說，不讀易不可爲將相。唐朝太醫學家孫思邈說，不知易，不足以言太醫。日本明治維新時，組閣原則是不知易者，不得入閣。德國哲學家黑格爾也稱，易經包括中國人的智慧，並在其自傳中，承認所創造的正、反、合辯證邏輯定律，出自易經的啓發。由此可見，易經對世界的影響是如此深遠而廣泛。

在中國不單是儒家的經典，道家、兵家、農家、醫家、法家、小說家、雜家等，無不將易經思想，尊爲圭臬。所以說，易經思想，貫穿中國古代所有文化，成爲中國文化的樞紐與精髓。現在計算機二進階，即源自太極八卦。

三、中華文化，化敵為友

中國歷代，重視歷史，與史料傳承，留下二十四史爲智識寶庫，取之不盡、用之不竭。代代傳承，每逢戰亂，則人才輩出、扭轉乾坤、撥亂反正。雖歷經三次亡國、受異族入侵統治，反而接受中國文化，更加壯大。一是五胡亂華，反而將北方民族融匯在一起。宋朝亡於蒙古，卻將中華文化藉著蒙古鐵騎傳入歐洲，引領歐洲文藝復興。明末吳三桂引清兵入關，統治中國二六八年，國土增加一倍，長城內外，連成一體，滿文滿語，已消聲匿跡，完全漢化。足以說明，中華文化適合人類生存，可化敵爲友，形成一體。

四、中華文化善吸收壯大

環顧世界文明古國，迄今無一存續，巴比侖、埃及、印度、羅馬、都已名存實亡。不是從前埃及、從前羅馬了。只有中華文化，一脈相傳，迄今仍續，其最大特色，不但不排斥其他文化，而且能吸收其他文化優點，更加壯大。世界上三大教派、基督教（愛人），佛教（慈悲）、回教（殉道），傳入中國，卻被儒家（忠恕）所包融，吸收其精華「發揚光大」。在五千年歷史長河裡，從不見宗教衝突與戰爭，可爲明證。是故中華文化，有其豐富內涵，單是儒家，還隱存著諸子百家，如道家、法家、陰陽家、雜家，但有了易經，揭示出諸子百家，都有他哲理存在，不管社會如何進步、科學技術如何發展，易經總有框架在滿足它、等著它。中華文化，能容納百川，其故在此。

五、中華文化尊賢為「神」

中華文化，歷經五千年、歷代無數英雄豪傑，對人民能造福有貢獻者，死後都封爲「神」。立祠、立廟、立宮、立堂，供奉膜拜，爲效法對象。如孔子、孟子、岳飛、關公、諸葛孔明、文天祥、史可法、觀音、媽祖，民間建廟膜拜。其嘉言懿行，雖愚夫愚婦，目不識丁，都能遵行不逾。舉兩例說明，筆者在民國三十六年底畢業南京中訓團新聞班，三十七年一月初任西北軍三十八旅通訊連指導員，駐地山東台兒莊，該區年年兵災，運河水患，十室九空。人民掘草根維生。就在此種情況下駐地隔鄰八十歲老太太，只卻替他四十出頭兒子聚媳。張羅二斗白米爲聘金。結婚當日，不辦喜宴，亦無賀客，只在門框上掛一舊紅布，橫桌上三杯白酒，燒香拜天地祖先，即已成禮。據老太太告知筆者，替兒子娶媳，是她此生心願，對死去先生韓家祖先，死可瞑目矣。第二個故事，就在當年三月，筆者與丁排長同時報考特勤學校，考場設在「賈灣」軍部所在地，距台兒莊步行約三小時，上午八時考試。於是當日上午四時準備由台兒莊步行出發，原擬於上午七時半到達考場，備妥手電筒，夜間口令，摸黑出發，不意出莊後，就在自己前線陣地上轉來轉去，找不到賈灣大路，電筒只能照明在地上，不能遠射，如被潛伏共軍發現，冷鎗打來，危及生命。路旁發現一幢民宅，即叩門問路，有一婦人在屋內答稱，家中無人，不能開門。排長知意，我們只是問路，去「賈灣」指出正確方向，婦人就在室內詳細說明，趕到試場，已過十時，參加考試人員，都已散去，我與排長，就在辦公室內補考。事後問排長，那位婦人，說家中「無人」，丁排長說：其意家中無男人，山東係孔子家鄉，不孝有三，無後爲大，及男女授受不親，已深入民間，雖愚夫愚婦，倫常觀念，終生守護。

六、中華文化絕處逢生

縱觀中國歷史，每逢國難，或生計無著，必有忠貞義士，起自民間，角逐中原，翻天覆地，扭轉乾坤，尤其改朝換代，豪傑蜂起，成者爲王、敗者爲寇。遠的不說，近百年歷史，就在我們面前，血淋淋演出，一九〇〇年，八國聯軍（英、法、德、俄、美、奧、義、日），攻陷北京，焚毀圓明園，自一八四〇年鴉片戰爭迄一九〇〇年之間，中國飽受東西列強欺凌，戰亂犧牲軍民有六千萬人，處在如此惡劣情形，清末仍有不少志士仁人，挽救危局，如曾國藩、左宗棠、李鴻章、林則徐、胡林翼、康有爲、梁啓超，掀起改革、變法、改造運動。但滿清政府積習已深，終告失敗。

此時只有孫中山先生，學貫東西，組黨鼓吹革命，以驅逐韃虜、恢復中華爲號召。經十次失敗，武昌起義終獲成功。於一九一一年成立亞洲第一個民主共和國。但政權操在袁世凱軍閥手中，革命勢力，只在廣東一隅、中國版圖，仍被各國惡勢力所割據。一九一七年俄國發生共黨革命，革命領袖列寧，將馬克斯寫在紙上理論，變成實際共產主義國家，對西方資本主義國家形成嚴重威脅。當時正在進行第一次世界大戰（一九一四—一九一八）中途退出，德國戰敗，獲勝西方，對俄國多方制裁，俄共政權，處於困境中，此時列寧目光投向東方貧窮戰亂中國，只有天才列寧看出中國蘊存巨大潛力。當時即下了一個沉著冷靜結論：「自莫斯科邁向巴黎，最近之路是通過北京的」。那是說，要對抗西方列強，必須拉攏中國共同作戰，才能勝利可能。當一九一九年（民國八年），當中國發生五四運動時，列寧趁機將馬列主義塞進中國。當時擔任北京大學文科學長（文學院長）陳獨秀以及他左右毛澤東、李大釗，接受了此項禮物。二年後（一九二一），中國共產黨在浙江嘉興南湖一艘遊艇上成立。出席者，有毛澤東、陳獨秀、瞿秋白、李立山、向忠發、秦邦憲、陳紹禹、陳公博、周佛海、張國燾等十二、三人，當時並不引人注意。如今完全不同了，民國十二年，國父主張國共合作，共產黨以個人名義加入國民黨，民國十三年（一九二四），黃埔軍校成立，俄國援助五百枝步槍。當時軍校幹部國共雙方組成。校長蔣中正、政治部主任周恩來、訓導長葉劍英、教官聶榮臻，學生林彪、徐向前、羅榮寰，都是黃埔幹部或學生。但此時已是北伐軍蔣總司令作主。民國十六年清黨，稱寧漢分裂，一般人認爲共產黨在國民黨內壯大，危及國民黨生存。另一說，北伐軍到了上海，即被上海西方英、美、法及上海工商豪富所攏絡。支援北伐軍，但要求三條件：1.與俄絕交、2.消滅共產黨、3.保證條件（信仰基督、與宋美齡結婚），自此反共成了國策，一直到一九四九年退守台灣，今年是二〇〇九年，整六十年。在座諸位教授先生，這六十年在這小島，都親歷其境。個人、社會、國家、富貴、榮辱，隨其際遇浮沉。每一個遭遇感覺雖有不同，但都有「春江水暖鴨先知」的情懷。

七、新時代牛轉乾坤人物產生

自清末民初，中國歷史，面臨新春秋戰國時代。春秋戰國，只是國內諸侯爭霸，給予中華文化極豐富內涵。此次中國所遭遇是地球上全部列強，組成聯軍，攻打北京，焚毀圓明園，聯軍在北京城燒毀劫殺，城內水井充滿不甘受辱女屍體。還賠款四億五千萬兩白銀。（每人一兩）全國百姓民窮財盡，無以生計。在此時，絕處逢生。自有繼絕世，奇人異士、立策獻說。在民國時代，有孫中山、袁世凱、蔣中正、宋慶齡、宋美齡、胡漢民、汪精衛、孔祥熙、白崇禧、傅作義、毛澤東、周恩來、劉少奇、鄧小平、朱德、彭德懷、林彪、江青、江澤民、胡錦濤等，在文化界有康有爲、梁啓超、錢復、林琴南、李鴻鳴、王國維、魯迅、陳獨秀、蔡元培、胡適之、郭沫若、巴金、矛盾、老舍、田漢、梁漱敏、陳實秋、錢穆、李濟、董作賓、于右任、溥儒、張大千、徐悲鴻等。政治界與文化界，百花齊放，百鳥爭鳴。目標一致。如何牛轉乾坤、救亡圖存。在五四運動後，三民主義與共產主義兩條路線互相競爭。

在五四運動後，三民主義與共產主義兩條路線互相競爭。國父在民國十四年在北京逝世前，完成兩個重大政策：一、發表孫葉宣言，與共黨合作，允許以個人名義加入國民黨；二、成立黃埔軍校，接受俄援，任命蔣中正爲校長。民國十五年，開始北伐，勢如破竹，十六年清黨，十七年北伐成功，全國統一。共產黨佔據江西，經五次圍剿緊束包圍，開始向西北邊境流竄。稱二萬五千里長征。但到了貴州遵義會議，毛澤東才被重用，成爲領導者。在江西時代，尚有三十多萬紅軍，但到了延安，只剩下一萬多人。

當時蔣委員長國策：「攘外必先安內」。命在西安東北軍張學良部隊，圍剿延安，民國二十五年（一九三六）親臨西安督導戰爭，不意西安事變，要求停止剿共，一致抗日，改編共軍，此爲國共第二次合作。直到民國三十四年日本無條件投降，抗戰勝利，此時延安受俄國援助，搶先接管東北，民國三十六年經美國保證安全，請毛澤東主席到重慶共商國事，籌組聯合政府。此時毛主席，曾妥爲交待後事安排。並賦詩一首「沁園春」，立刻轟動一時。一首作品，能收到如此政治效果，史所少見。毛在會談中，高喊「蔣委員長萬歲」，一回到延安，卻下緊急動員令。此次召開國是會議，亦邀請專家學者共商國家大計，會談中無不提供卓見，博得蔣公肯定。唯獨座上錢穆先生，不發一語。蔣公親自徵詢其意見。錢穆先生才建議：「現在是宣告退位最好時期」。榮譽、權力、地位已達到最高峰，今後就無機會了。當時委員長如日中天，此項建議，怎能採納。如果知道二年後，不但位置不保，而且退到台灣小島。（蔣總統到台灣晚年，還念念不忘錢穆先生，特邀來在士林山谷中蓋一座「素書樓」給他，著書立言安享餘年）

一九四九年，中華人民共和國誕生，今年是二〇〇九年，剛好六十年，在座諸位教授，這六十年就是我們生活的舞台，歷經劫難，緊跟著新時代洪流浮沉，跟隨國父三民主義，民主與科學大洪流奔走，可惜這二股洪流可以結合、聯俄容共、黃埔建軍，已奠下根基，可惜國父逝世過早，未獲全功，繼起者清黨、中國發展、分道揚鑣，但北伐統一全國，八年抗戰，日本無條件投降。直到退守台灣，勵精圖治，經濟建設，譽滿全球。這六十年變化，吾等身歷其境，不再詳述。

中國歷經此最大變動中，竟然由這一股信奉馬列主義，毛澤東得到勝利。其勝利最根本原因，不是無產階級專致，也不是階級鬥爭，也不是英美民主制度，而是一位本土中國人。也沒有讀過洋學堂，但是「足智多謀」，飽讀中國歷史。尤其在北大圖書館擔任管理員，對中國古籍、易經、四書、五經、歷代興亡，成竹在胸。他是把馬克斯主義，穿上孔老夫子的褲子。他知道，朝代變動，天下大亂，能牛轉乾坤者，靠一大片飢餓農人（中國沒有大量工人）民眾。自成立中華人民共和國、銀行稱人民銀行、錢幣稱人民幣、軍隊稱人民解放軍。當蘇俄援助卻禁止發展精密尖端武器時，立即斷交，把蘇俄派來援助工程人員，全部趕離中國。自立更生、土法練鋼，國內三反五反，把外國傳教士、學校、教會、商人，全部清除，趕離中國。把全國土地、工商全業，都歸國家企業、集體所有。也是全民所有。天下爲公，全民有飯吃，他是做到了，韓戰打敗美國，珍寶島事件打垮蘇俄（恢復黑龍江烏蘇里江，中間界線），教訓越南，不敢在邊界鬧事。嚴懲印度，勿在藏邊操弄是非。在毛澤東統治期中，每戰必勝，中華民族精神與士氣被激發出來，一掃東亞病夫恥辱。

毛主席於一九七六年去世，鄧小平上台，他在共產社會中打滾，三起三落，深知中國社會病之所在，立即起用上海書記江澤民，工程出身，熟知商務，他說，如果中國老百姓生活，比不上南朝鮮，與台灣。說什麼社會主義比資本主義優越，誰能相信。積極推動四個現代化，至少要有三十年安定，全國採取低姿態。推動開放政策，學習自由經濟，他有一句名言，「不管白貓黑貓，能捉老鼠都是好貓」。全民來賺錢，向台灣學習。自由開放結果，一日千里，國民所得，番了幾番。鄧小平自稱，他是摸著石頭過河，社會經濟制度如是。連國家幹部，與國家領導傳承，亦復如此。今天胡錦濤之所以能出任國家主席，那是鄧小平有一次到清華大學視察，聽完簡報，覺得此人口齒清晰，層次分明，從容不迫。就詢問左右，此人來歷，答稱，此人即學校胡書記，回去後，即交待江澤民，應留意此人，給于省委書記磨練，即派赴貴州偏遠地區書記，後又派赴西藏，確係幹才，立下大功。才調回中央，歷經磨練。才能交付國家主席任務。與自由民主資本社會選舉接班人，優劣立見。鄧小平是摸著石頭過河，國家主席傳承，也非經過偏遠省區，及大省區磨練，有傑出表現者，才能進入中央領導階層。

鄧小平于一九九五年逝世，現在政權從江澤民手中，交到胡錦濤手中，也是一位工程師、科學技術發展，已凌駕歐美，經濟發展，今年已超過日本，僅次於美國。自從資本主義經濟風暴從美國發生，凡是資本主義國家，都被波及，唯獨社會主義中國，不受影響。還能趁機購進美國倒閉稀有金屬高科技工廠，整套設備連同專家遷往大陸組裝，資本主義國家，以消費刺激生產、以戰爭掠奪原料，鼓勵先消費、後付款，發明信貸，全民「寅吃卯糧」。但自歐洲經濟「統一聯盟」，中國大陸崛起，其產品物美價廉，美國人民消費移位。美國產品居高價位，逐步滯消，不得不緊縮生產，失業增多。首先繳不起二級房貸，銀行週轉不寧，只得倒閉，則引起連鎖反應，美國大型企業紛紛倒閉。經濟海嘯，才剛開始。只得選出一位黑人任總統，試試經濟問題能否轉機。美國已負債纍纍，發行公債過日，有否力量償還，大有問題。

中共建國六十年，科技已趕上歐美，核彈、氫彈、航天、衛星、火箭、潛艇，已與歐美並駕齊驅。某些尖端科技，已超越美國。去年大陸，主辦奧運，取得四十一面金牌，震驚國際，再造漢唐雄風，盡雪東亞病夫恥辱。明年國際博覽會，在中國上海開幕，其規模之大，展出場地之廣，已先聲奪人。又一次宣揚中國商品之優美，傲視全球。中國已經崛起，而是以天下一家、優美文化展示給國際。當然又是一番盛況，目前有二百多所孔子學院，在世界各大學設立，研究中國，已成爲風尚。目前中國大陸高速鐵路，已普遍完成，現積極建造通通往歐亞、高速鐵路，從桂林有三條通過印度及新加坡，而西北也有三條鐵路通往歐洲，正在積極建造中，將來歐亞大陸將要融爲一體。以中國山川之美、文物之盛、廟堂之大。將要吸引世界文人雅士、工商巨賈，來參觀訪問，北京道上，不絕於途，到那時，大道之行也，天下爲公，爲期不遠矣！

八、傳承與遺願總結

中國文化代代傳承，先人遺願，也是以子孫相承，當生存受到威脅，則有志士仁人峰起，救亡圖存。而以霹靂手段，扭轉乾坤。這是中華文化中傳承的本能，眼前一部現代史，即可說明一切。中國古籍經典，如易經、四書、五經、禮運大同篇，及先哲遺言，「天下興亡」，匹夫有責，岳飛滿江紅、文天祥正氣歌、諸葛亮出師表、詩人陸放翁，留下來民族感情與精神。成爲民族本能。中國歷史，自秦漢以來，追求天下一家、國家統一，有十次一統，都是使用武力，秦、漢、魏、晉、隋、唐、宋、元、明、清，現在是中華民國，與中華人民共和國，前者建國迄今有九十八年，但在三十八年戰敗，退守從八年抗戰勝利，光復台灣島，剛好滿六十年，這六十年大陸崛起，科學技術已趕英超美，其財富亦傲視全球，其社會主義中國式制度，適合中華文化根源，也已是供世界資本主義國家學習改革對象。事實已極明顯，民進黨在台灣執政，二十年，想金蛇脫殼，蛻成獨立台灣國，結果政權再度輪替到國民黨，兩岸大有轉機，和平統一，似乎指日可待。但內部矛盾、輿論分歧，利害交錯，似乎要做日本與美國兒皇帝，是否又要走上歷史宿命，這要看大國包容、小國領悟了。

最後在個人方面，大都抱定「落葉歸根」的一天，都會留下遺囑或遺願，第二代把台灣當成故鄉了，最主要是傳承問題，最近報載，王永慶先生逝世，很奇怪高齡九十三歲，當代經營之神，豪富甲天下，國際著名塑膠石化王國，竟然沒有遺囑傳承，以致身後龐大財產及事業繼承發生糾紛，引起打國際財產訴訟。甚至傳言，雇黑道擺平。故臨終傳承，其重要性可知。一般凡夫俗卒，口頭留言即可。筆者是極平凡的人，但一生飄泊，而身攜兩岸，懷念慈母恩情，到了晚年，也留下「牛轉乾坤定遺願」，如附件供各先進參考。（本文內容係長期收聽會祥鐸教授時事評論，且受教「當代中國」課程。）

二〇〇九年十月十三日　於望樂樓臺大退聯會所

註：本文分別刊載在「會務通訊」，第48、49、50三期，時間從九十八年十二月十五日到九十九年七月十四日。

第八章　上海世博與世博會的歷史況革

劉鵬佛　博士

按：本會理事長丁一倪教授，於二〇一〇年九月帶領臺大教授考察團四十七人，參觀上海世博會七日，本會劉鵬佛博士隨同前往研究，本文是他的研究成果。

壹、參觀上海世博會

今年（二〇一〇）九月一日隨同台灣大學教授考察團一行四十七人，前往上海參觀世界博覽會七日遊，順便到杭州、蘇州、上海等地旅遊。出發前雖然聽到許多傳言，諸如：累、擠、晒，不去遺憾、去了更後悔等等負面說法，但是我們這一團人很有信心、勇往直前、更不怕辛苦，當然最重要的是在領隊——台灣大學丁一倪教授連絡安排下，很輕鬆順利的參觀了台灣館與中國館。只要看過這最受歡迎的兩個館後，便已值回票價，何況還有時間參觀其他國家的館。因此本團中有一對夫婦已於七月中旬去過上海世博會，但沒機會參觀台灣館與中國館，這次再去上海終於如願以償、高興不已。

一、參觀台灣館

台灣館位於世博會A區，造價需新台幣十億元，緊鄰於世博軸、主題館、世博中心與中國館旁，擁有最好的地理位置。可惜展館面積太小，只有一千四百平方公尺，建築高度有二三・八公尺（約有七層樓高），唯有在外觀上出奇制勝才能引人注意。而美、德、日等館均爲六千平方公尺，中國館最大，共有二萬平方公尺。台灣館是由享譽國際的李祖原建築師設計，以「山水心燈──自然、心靈、城市」爲主題，展現台灣之美；山：寬廣遼闊，水：生生不息，心：親善堅韌，燈：祈福淨化；呈現自然之美、心靈之美、城市之美，正代表著天、人、地在地球同一塊土地上和諧、樂活的共存，也是人類最大理想。因此名爲「山水心燈」的台灣館，外觀就是高約二三・八專尺的巨型玻璃天燈，四面都能呈現出影像，包含阿里山的日出、日月潭的碧波、台北一〇一大樓的高聳等台灣美景，均能令觀眾一飽眼福。天燈體積爲外徑十六公尺，內徑十二公尺，總重量一百三十公噸，使用一百萬顆LED燈、八五四片玻璃、八八八片不鏽鋼版。天燈是結合中國傳統文化的「金、木、水、火、土」之五行概念，並藉由「點燈水台」予以呈現，可說是一座展現台灣深度內涵及尖端科技的建築代表作。台灣館引進具有代表台灣文化心靈「放天燈」的民間節慶儀式，藉由天燈的祈福、許願及淨化心靈的意涵，以「山水心燈」爲總體概念，向世界行銷「因爲心、台灣而大」的新台灣精神，鼓勵提倡未來「生活革命」的新城市文明中，彰顯「回歸自然」、「回歸心靈」的二大概念。「放天燈」係源於三國時代的天燈，相傳原本由諸葛亮（孔明）首創，故又名孔明燈，也是現代熱氣球的先驅。時至今日，放天燈已成爲台灣節慶的重要活動；在天燈上寫下願望施放，代表祈福、許願的儀式。（註一）

九月五日上午十二時正，本團一行人按照事先安排魚貫進入參觀，首先由一位美麗大方來自台灣的服務小姐接待我們，並送每人一個可愛實用的手提袋，內裝有：台商台灣統一公司生產的酸菜牛肉麵一盒、湖南生產的神旺水神抗菌液一瓶、台商永豐餘公司生產的五月花衛生紙一小包等實用物品。第一站是先搭乘電梯至四樓，引導進入至「七二〇度全天域劇場」的透明天橋上欣賞台灣風光，令觀眾感覺自己好像懸浮在宇宙中心看大千世界。因此玉山、阿里山、太魯閣、台北一〇一大樓以及山林中的蟲鳴鳥叫聲皆從四面八方穿越而來，使我們應接不暇！音效比「阿凡達」電影還精彩，真是大開眼界！第二站是表演茶道配國樂，服務人員首先奉茶給每位遊客，隨後分別有專人一面演奏國樂，一面說明台灣茶葉文化，並表演阿里山的茶道藝術，客人品茶後還可將製作精美的小茶杯當作禮物帶走！另有可愛的茶杯袋裝著茶杯，讓每位客人「有喝還有拿」，感覺出台灣人好客的人情味。最後一站是全體四十位遊客（台灣館面積較小，一次只能接受四十位遊客進去參觀）站在以台灣日月潭的水、花蓮玫瑰石佈置而成的點燈水台旁，進行體驗天燈祈福儀式時，猶如站在台灣的土地上，四周圍繞著來自太平洋的水。每位遊客透過觸控面板選擇自己的心願後，將有雷射燈柱射向球體，而代表心願的天燈就將呈現在LED燈上，心願祈福語有「闔家平安、經濟飛騰、國泰民安、幸福美滿、美夢成真、環遊世界、豐衣足食、愛與和平、永保安康、風調雨順、前途似錦、世界和平。」等十二句，隨著所選天燈冉冉上升飄向天際，爲全世界祈福，這真是令人心動感人的一幕！以上參觀台灣館的時間大約三十分鐘，每人均深感時間不夠而意猶未盡想再看一次。爲滿足全體台灣人的心願，台灣館將搬回台灣重建，經過許多縣市的爭取競標，新竹市政府以新台幣四・五億餘元奪標，重建完成後將成爲台灣人觀光的新景點地標。爲感謝台灣館的熱情招待（其他館沒有如此招待），每位遊客均連續道謝不已，該館服務人員趁機教導大家一句台灣話「哆蝦（多謝）」，這句話令人感覺平易近人而且非常溫馨。

台灣自一九七〇年參加日本大阪博覽會後已有四十年未再參加博覽會，這次趁「天時、地利、人和」之便，一舉參加三個館：台灣館、台北館、震旦館。台北館由享譽國際的大導演侯孝賢拍攝的「台北、生活、微笑」影片，以民眾的生活情境，實際呈現台北這座結合傳統文化與現代科技、自然與時尚，且充滿人情味與笑容的多元城市，內容以介紹台北一〇一大樓的三六〇度3D劇院爲主。該館投資三億元，面積七九二平方公尺。震旦館以玉爲主題，介紹中國自古至今的八千年玉器歷史，投資一億元，展館面積有三千平方公尺。

二、參觀中國館

中國館係上海世博會展館面積最大的館，共有二萬平方公尺（其他國家最大只有六千平方公尺），高度六九・九公尺（其他館被限制在廿公尺左右），中國館加上全國三十一省市區展館面積，總面積則有十六萬平方公尺，投資總額爲人民幣十五億元（約新台幣七十億元）。中國館的建築設計師是大名鼎鼎教父級的華南理工大學建築學院院長何鏡堂教授，他設計的「中國器」，主題是「東方之冠、鼎盛中華、天下糧倉、富庶百

姓」，表現出氣勢非凡、有些霸氣。（註二）

進入共分爲三層的中國國家館後，首先在第三層樓看到被稱爲「智慧長河」的宋代名畫「清明上河圖」，經由動態投影，被投射成高約六公尺、長約一百公尺的巨幅捲軸。圖中各類人物如同現代真人一般大小，看來栩栩如生、活靈活現的動起來、行動自如，堪稱現代科技的代表作，實在令人歎爲觀止！另外同在第三層也看到「春天的故事」，介紹中國這幾十年的城市化，亦是說明三億農民與工人進城的故事，因此可以瞭解中國卅年來改革進步的情形。其次在第二層樓看到被稱爲「搭乘雲霄飛車」的「騎乘探秘」，遊客搭乘電動列車，遊歷在約一公里的軌道上，藉由視覺效果穿梭中國五千年的建築智慧。最後在第一層樓看到中國政府與民間企業目前對於綠色科技、綠色建築的研究成果。（註三）

在中國館國家館最下層的一樓則是中國各省市區聯合展館，共有湖南、湖北、廣東、北京、上海、新疆、內蒙古等卅一省市區，雖然僅是中國的各省、市、區展館，但均是各有千秋的「小而美」，絕不比亦參加這次世博會的一些小國差，如北京館、廣東館都很有特色。筆者因時間所限，只參觀了一半，但深感意猶未盡而遺憾不已。由於筆者係在台灣出生的第二代湖南人，因此特別到湖南館參觀並拍照留念。湖南館外表以介紹桃花源風光爲主，館內則以介紹湖南省各縣市秀麗的山水風光爲多，令人駐足流連嚮往不已！另外歡迎遊客在特別設計的電腦桌面上寫字作畫，看到許多人大顯身手，筆者也不怕獻醜的寫下「台灣湖南文獻社」七個字作爲紀念。

三、參觀其他國家館

上海世博會共有一九二個國家參加（目前全世界共有一九二個國家，因此可說全球所有國家全部參加，也是歷屆世博會參加國家最多的一次），另有聯合國等國際組織五十個，合計有二四二個館；再加上十四個城市館（如上海、倫敦等館）、十八個企業館（如可口可樂館）、中國各省市區及港澳台共有卅四個館，以上總計有三〇八個館。每個館各有特色、美不勝收，每位遊客均感時間不夠、難以取捨。本團一行四十七人走馬看花參觀了三整天，也只看了三分之一，顧此失彼、遺憾之至！許多團員很想留在上海繼續參觀，但因同團人必須同進同出返回台灣，兼以大學開學在即，必須回校教書，只好抱著遺憾之心，再參考其他未及參觀之館的有關資料。聽說有一位上海人花了一個月時間才詳細參觀完畢，因此一般人至少應參觀十天以上才能大致瞭解。行前聽到對上海世博的一些負面說法，均是針對上海天氣太熱、參觀人數太多、看熱門館需排隊數小時、世博場地太大走的太累，很少聽到因參觀內容不佳而不值一看的，因此上海世博會非常值得參觀，但要消耗許多精神體力及一些金錢，一些人因而望之卻步是可以理解的。其實參觀這次世博會避開人潮也是有一些方法的，諸如避開週末假日、利用晚間參觀、七十五歲以上可走特別通道不需排隊、可進附設有餐廳的國家館（如法國、西班牙等）用餐，順便參觀該館而不必排隊等等，均是一些節省體力之策。筆者雖然也參觀許多外國館，頗有一些心得，但因本文篇幅有限，不宜多作介紹發揮。

貳、世博會的歷史沿革

一、意義

世界博覽會（Universal Exposition/ World's Fair）又稱國際博覽會及萬國博覽會，簡稱世博會、世博、萬博，是一個具國際規模的集會。參展者向世界各國展示當代的文化、科技和產業上正面影響各種生活範疇的成果。世博會自一八五一年拉開歷史序幕至今，始終凝聚著全世界人民的智慧與夢想，一百六十年以來留下了許多人類進步的足跡。因此世博會可說是新科學、新技術、新產品的搖籃，也是新思想、新概念的孵化器。從與人類生活關係密切的縫衣機、留聲機、打字機、電話、電報、電視、電影、電梯、冷氣、汽車、飛機、磁浮列車到推動時代巨輪的蒸汽機、發電機、電子計算機、機器人、人造行星，乃至於當前最流行的生物技術與環保科技，它們或因參加世博會的展出而名聞天下，或在世博會上使用得以推廣示範。另外在食衣住行方面，從最常用的T恤衫、甜筒冰淇淋、熱狗、花生醬、可口可樂、麥當勞、遊樂場、渡假村、百貨公司、旅行社、主題公園、巴黎鐵塔、舊金山大橋、倫敦水晶宮以及印象派、立體派、新藝術、甚至包括有（藍色多瑙河）等偉大藝術曲，因爲它們的出現讓我們現代生活更美好，它們皆因世博而誕生，並凝聚著人類偉大的才智。（註四）

世博會常被人們比作經濟、科學和技術的奧運會，它的影響力應比奧運會更大；一個國家或城市，甚至千千萬萬的個人命運常常因世博會而改變，因此世博會促進了生產力的發展和社會的長足進步。凡是曾舉辦過世博會的世界大城市，諸如倫敦、巴黎、紐約、芝加哥及大叛等均因而活力充沛、欣欣向榮。從廿世紀六十年代起，世博會更加關注人與自然和諧共處的關係，多屆世博會均以生態與環境爲主題，反思人類行爲產生的影響，探討發展與進步的真正意義。如今世博會日益注重「以人爲本」、「人文情懷」、

「國家和平」與「民族平等」等人文因素，並發揚「歡聚、溝通、展示、合作」的世博精神，更期許「人類均有美好的未來、明天會更好」。（註五）

二、歷史淵源

從古今中外的歷史來看，博覽會的起源應該是從集市開始，早在上古時期，古埃及、印度、中國、希臘與羅馬就出現了集市。最早在五千年前的兩河流域地區，即有「物品交換」之貿易情形存在。而在中國早在西元前十一世紀，《周易》中就記載有「日中爲市，致天下之民，聚天下之貨，交易而退，各得其所。」古希臘和古羅馬在舉行大型宗教節日的慶典中都包含集市的項目。西元前五世紀，波斯國王蘇克薩斯利用陳列戰利品和王國的財富來達到炫耀的目的。到了西方中古時期（西元四七六年至一四五三年），歐洲各交通要道都是慶祝宗教節日和舉行集市貿易的聚會中心，大型的集會將貿易、娛樂和表演結合起來，經常超越一個國家的範圍。近代的地方博覽會起源於一七九八年，由法國拿破崙發起的巴黎工藝博覽會，當時拿破崙準備在巴黎慶祝他的勝利，以展覽他的戰利品和新奇的事物。其後法國從一八〇一年起至一八四九年止連續舉辦了十次博覽會；此外，英國與德國、荷蘭、比利時、西班牙與俄國等國家分別舉辦多次大規模展覽

會。（註六）

世博會的孕育過程很長，它誕生於工業革命的高潮之際，又出生在工業革命領頭羊的英國，這一切並非出於偶然。因此世博會是時代的產物，它的成長與發展亦是與時俱進，帶有深深的時代烙印。在英國的帶動下，世博會隨即風靡世界各國。第一屆世界博覽會是在一八五一年五月一日至十月十一日止，於英國倫敦海德公園舉行，當時英國是全世界最強大的國家，英國便希望透過這個大型的展覽會以顯示其國力強盛。發起人就是英國維多利亞女王的丈夫阿爾伯特親王。英國人自豪的把這次大型集市稱爲「偉大的博覽會」（Great Exhibition）。博覽會會場佔地十九英畝，主體建築像「水晶宮」一樣，用卅片玻璃完全覆蓋，晶瑩剔透、壯麗輝煌;陳列展品有十萬餘件，尤其以展出蒸汽機、收割機、紡織機最令人興奮。這次共有廿五個國家和廿個英國殖民地參加，參觀人數超過六百萬，盈利一八・六萬英鎊，獲得很大的成功。由於這次傑出的成就，全世界掀起一場持久不衰的博覽會熱潮，歐美各國爭當主辦國，共同寫下了光輝燦爛的世博會歷史篇章，以致從一八五一年至今已辦理大大小小的世博會有一百多次以上，實在令人目不暇給而太興奮了。（註七）

爲了克服早期博覽會缺乏統一規則、管理較爲混亂的情形，一九二八年十一月在法國巴黎召開會議；與會的卅一個國家簽訂了「國際展覽公約」作為規範管理世博會。為了執行公約而成立國際展覽局（Bureau of International Exposition，簡稱 BIE），總部設在巴黎。主要職責是覽督與保證公約的實施，協調博覽會展期、選定展覽地點、督察規劃籌備以保證博覽會質量及有關章制度的執行。任何國家都可以申請參加這個組織，只有成為會員國才能申請舉辦世界博覽會，並參加投票選定下一屆世博會的主辦國。國際展覽局設主席一人，任期二年，可連任一次。中國原駐法國大使、曾任北京外交學院院長吳建民先生，於二〇〇三年至二〇〇七年擔任主席四年，他在二〇〇二年為中國申辦世博會獲得成功有關鍵性的作用。在他四年任內，世博會員國增加了三分之一，截至二〇〇九年十二月底止，共有一五六個會員國。在國際展覽局的指導協調下，世博會訂立了許多規則。根據國際展覽局有關條款現定，現代世博會可分為兩類：一類是五年一次，展期通常為六個月的註冊類世博（俗稱綜合類）；另一類則是穿插在兩屆註冊類世博會之間，展期通常為三個月的認可類世博（俗稱專業類）。另外認可類世博還包括兩個特殊類：（一）園藝世博會，它必須在兩屆註冊類之間的間隔期內舉行，展期得少於三個月，亦可超出六個月，今年（二〇一〇）十一月五日舉行的（臺北花卉博覽會）即屬此類。（二）裝璜藝術與現代建築博覽會，此會由義大利米蘭每三年舉辦一次（註八）。從一八五一年第一屆英國倫敦世博會開始到今年（二○一○）上海世博會，同意舉辦的註冊類世博會共有六十五次，分別由廿國輪流主辦，其中美國主辦次數最多，共有十一次；其次爲法國九次；比利時七次；義大利六次；西班牙四次；日本四次；瑞典三次；德國三次；保加利亞三次；英國二次；澳洲二次；以色列二次；加拿大二次；奧地利一次；匈牙利一次；葡萄牙一次；芬蘭一次；海地一次；韓國一次；中國一次。（註九）

三、主辦世博會的益處與未來遠景

一般來說，主辦世界博覽會的國家可以得到以下的好處：

1.主辦國可以把自己的產品和科研成果向來觀賞世博會的海外人士推銷，推動國際市場，發展國際貿易和科技合作。

2.主辦國可以透過舉辦這項國際性活動，從而提高本國地位。

3.促進經濟貿易成長。

4.透過各國於博覽會交流先進科技，可讓主辦國和參展國共同擴展視野。

5.主辦城市可以從營運博覽會而增加城市建設。

台灣曾計劃在西元二○○○年以前與二○○八年以前，有兩次考慮舉辦世界資訊科技博覽會，特別邀請現任臺北花卉博覽會承辦人臺大教授丁錫鏞博士等有關人士籌辦，均因各種原因無法配合而未成；但如今能在二〇一〇年十一月五日在臺北辦理世界花卉博覽會亦算值得安慰了（註十）。

世界博覽會如今已轟轟烈烈的走過一百六十年，自廿世紀卅年代後，偶而聽到世界博覽會已經過時的說法。以往積極舉辦過多次早期世博的大國如英國、法國、美國、及比利時等國，現在卻逐漸淡出了。英國曾舉辦二次博覽會後，只在一九八八年承辦一次園藝博覽會。法國自一九五一年里耳博覽會後，即與世博會斷了緣份。比利時最後一次是在一九五八年舉行布魯塞爾博覽會。美國曾舉辦十一次博覽會，但在一九八四年主辦新奧爾良博覽會後，便消極的淡出世博舞臺，甚至因缺建館經費而不參加二〇〇〇年的德國漢諾威世博會，更在二〇〇一年退出了國際展覽局（今年九月美國加州州長阿諾史瓦辛格到上海參觀世博會後，表示將爭取舉辦二〇二〇年世博的。）雖然近幾十年來世界博覽會沒有在英、法、美、比等歐美大國舉辦，但並沒有因此而止步，仍在朝氣蓬勃的繼續展開。在這段時期，不少歐洲其他國家、澳洲和亞洲國家變成主辦國，尤其是亞洲的日本、韓國與中國先後都舉辦了世博會。回顧世博會的歷史，以往世博會的積極主辦者大都是工商進步發達國家或帝國主義列強，在工業革命與科學技術的年代裡，他們有財富和實力來主辦大型的世博會以達到他們的目的。現在世博會主辦國的分佈開始發生變化，少數強國壟斷的時代已經過去，發展中國家越來越重視世博會這個舞臺。二〇一〇年與中國上海同時申辦世博會的國家，尚有俄羅斯、韓國、墨西哥、波蘭與阿根廷等發展中國家；因此可知現在發展中國家也有實力，能登上世博會舞臺當主角了。這是世博會歷史上的重大轉折，代表世博會的必然發展趨勢，也預測著新的世博會高潮的來臨。（註十一）

四、歷屆世界博覽會一覽表（BIE授權舉辦）（見85-87頁）

註釋：

註一：臺北世貿中心編著，二〇一〇上海世博會台灣館介紹，臺北：永豐餘造紙公司，二〇一〇年五月三日出版，頁八—十七。

註二：遠見雜誌社編著，上海世博深度遊，臺北：天下遠見出版公司，二〇一〇年五月一日出版，頁八〇—八二。

註三：上海世博會事務協調局編著，中國二〇一〇年上海世博會官方導覽手冊，上海：

世紀出版公司，二〇一〇年四月出版，頁廿四—三三。

註四：陳燮君、周秀琴等著，世博會簡史，上海：教育出版社，二〇一〇年四月出版，頁一。

註五：同註四，頁一—二。

註六：羅靖著，中國的世博會歷程，長沙：湖南師第大學出版社，二〇〇九年八月出版，頁五—八。

註七：同註四，頁十二—十四。

註八：同註四，頁六—七。

註九：丁錫鏞著，一八五一年至二〇〇五年世界博覽會全紀錄（上冊），臺北：嵐德出版社，二〇〇六年六月六日出版，頁十五—十六。

註十：同註九，頁十七—二十。

註十一：同註四，頁一八九—一九〇。

註十二：吳敏撰，走進世博會一世博歷史一五〇年，上海：東方出版中心，二〇〇八年九月出屬，頁一—八。另參考丁錫鏞與陳燮君二人所著之二書。

日期	舉辦國／城市	名　稱	類型	日期	萬人	備　註
1851年	英國／倫敦	倫敦萬國工業品博覽會	綜合	0501 1011	604	展出收割機、紡織機與水晶宮建築。
1855年	法國／巴黎	第一屆巴黎農工業與藝術博覽會	綜合	0515 1115	516	展出薩克斯風樂器與全球最大鏡子
1862年	英國／倫敦	倫敦國際工業與藝術博覽會	綜合	0501 1101	610	展出蒸汽火車頭、製鋼與印刷技術
1867年	法國／巴黎	第二屆巴黎世界博覽會	綜合	0401 1103	906	展出電梯、海底電纜與鋼筋混凝土
1873年	奧地利／維也納	維也納世界博覽會	綜合	0501 1031	726	展出電鍋、發電機與製造巨蛋技術
1876年	美國／費城	費城美國獨立百年博覽會	綜合	0510 1110	1000	展出貝爾電話、愛迪生電報機、打字機。
1878年	法國／巴黎	第三屆巴黎世界博覽會	綜合	0520 1110	1616	展出愛迪生留聲機、電燈、話筒與自由女神像。
1880年	澳洲／墨爾本	墨爾本工農業博覽會	綜合	1001 0430	133	展出皇家展覽館和卡爾頓園林
1888年	西班牙／巴塞隆那	巴塞隆那世界博覽會	綜合	0408 1210	230	巴塞隆那因此成爲現代的歐洲首都
1889年	法國／巴黎	第四屆巴黎世界博覽會	綜合	0505 1031	3235	展出愛迪生電燈泡、艾菲爾鐵塔、蒸汽機。
1893年	美國／芝加哥	芝加哥哥倫布紀念博覽會	綜合	0501 1030	2753	展出愛迪生電影放映機、柯達底片，摩天輪
1897年	比利時／布魯塞爾	布魯塞爾世界博覽會	綜合	0510 1108	780	展出有獎答題競賽項目
1900年	法國／巴黎	策五屆巴黎世界博覽會	綜合	0415 1112	5086	展出汽車、飛機、無線電與X光機。
1904年	美國／聖路易斯	聖路易斯百周年紀念博覽會	綜合	0430 1201	1969	展出蛋捲冰淇淋、熱狗麵包與麥當勞漢堡。
1905年	比利時／列日	列日世界博覽會	綜合	0427 1106	700	展出自行車、摩托車
1906年	義大利／米蘭	米蘭世界博覽會	綜合	0428 1111	1000	展出醫療衛生展、汽車製造陳列專館
1910年	比利時／布魯塞爾	布魯塞爾世界博覽會	綜合	0423 1107	1300	國際展覽（展出莫內、羅丹等美術作品）
1913年	比利時／根特	根特世界博覽會	綜合	0423 1107	950	國際展覽（主張和平、工業和技術）
1915年	美國／舊金山	舊金山巴拿馬太平洋博覽會	綜合	0220 1204	1887	慶祝巴拿馬運河通航與舊金山建城。
1929年	西班牙／巴塞隆納	巴賽隆納世界博覽會	綜合	0519 0115	150	展出現代德國建築
1933年	美國／芝加哥	芝加哥世界博覽會分二年二次舉辦	綜合	0527 1112	2232	展出電視、柯達相機、溫度計與大貨車
1934年				0601 1031	1655	
1935年	比利時／布魯塞爾	布魯塞爾世界博覽會	綜合	0427 1106	2000	競爭與和平
1936年	瑞典／斯德哥爾摩	斯德哥爾摩世界博覽會	專業	0501 0514	NA	第一屆國際航空展
1937年	法國／巴黎	巴黎現代生活藝術博覽會	專業	0525 1125	3100	現代生活藝術博覽會

1938年	芬蘭／赫爾辛基	赫爾辛基世界博覽會	專業	0514 0522	1500	第二屆國際航空展
1939年	比利時／列日	列日世界博覽會	專業	5月至 11月	NA	國際水資源博覽會
1939年	美國／紐約	紐約世界博覽會 分二年二次舉辦	綜合	0430 1031	2582	展出電視機、攝影錄音機與塑膠產品。
1940年				0511 1027	1914	
1947年	法國／巴黎	巴黎世界博覽會	專業	NA	NA	介紹都市主義，但缺日期與人數資料。
1949年	法國／里昂	里昂世界博覽會	專業	NA	NA	介紹農村居住，亦缺日期與人數資料。
1949年	海地／太子港	太子港200周年紀念博覽會	綜合	1208 0608	25	讓世界更瞭解海地，以促進海地經濟發展。
1949年	瑞典／斯德哥爾摩	斯德哥爾摩世界博覽會	專業	0727 0813	NA	體育世界博覽會
1951年	法國／里耳	里耳世界紡織博覽會	專業	0428 0520	150	世界紡織博覽會
1953年	以色列／耶路撒冷	耶路撒冷世界博覽會	專業	0922 1014	150	征服沙漠世界博覽會
1953年	義大利／羅馬	羅馬世界博覽會	專業	6月至 10月	NA	農業博覽會
1954年	義大利／那不勒斯	那不勒斯世界博覽會	專業	0515 1015	NA	世界航海博覽會
1955年	瑞典／赫辛伯格	赫辛伯格世界博覽會	專業	0610 0828	NA	世界生活藝術博覽會
1955年	義大列／土倫	土倫世界博覽會	專業	0525 0619	NA	世界體育博覽會
1956年	以色列／貝特戴貢	貝特戴貢世界博覽會	專業	5月、 日期 不詳	NA	柑橘栽培博覽會
1957年	德國／柏林	柏林世界博覽會	專業	0706 0929	NA	重建Hansa地區
1958年	比利時／布魯塞爾	布魯塞爾世界博覽會	綜合	0417 1019	4200	展出原子模型塔、高速電梯
1961年	義大利／土倫	土倫世界博覽會	專業	0501 1031	NA	國際勞工博覽會、慶祝義大利統一百周年
1962年	美國／西雅圖	西雅圖21世紀世界博覽會	綜合	0421 1021	964	展出美國火前、人造衛星技術、核子反應器
1965年	德國／慕尼黑	慕尼黑世界博覽會	專業	0625 1003	250	國際交通運輸博覽會
1967年	加拿大／蒙特利爾	蒙特利爾世界博覽會	綜合	0428 1027	5000	展出雷射、透過人造衛星現場實況轉播
1968年	美國／聖安東尼	聖安東尼奧世界博覽會	專業	0406 1006	638	美國社會文明之融合
1970年	日本／大阪	大阪世界博覽會	綜合	0315 0913	6422	日本動員農民創紀錄、展出月球岩石。
1971年	匈牙利／布達佩斯	布達佩斯世界博覽會	專業	0827 0930	190	世界狩獵文化與藝術
1974年	美國／斯波坎	斯波坎世界環境博覽會	專業	0504 1103	525	慶祝明日煥然一新的環境
1975年	日本／沖繩	沖繩世界海洋博覽會	專業	0720 0118	350	末來的海洋世界
1981年	保加利亞／普洛地夫	普洛地夫世界博覽會	專業	0614 0712	NA	狩獵、捕魚與人類社會

1982年	美國／諾克斯維爾	諾克斯維爾世界能源博覽會	專業	0501 1031	1113	展出世界第一台電腦
1984年	美國／新奧爾良	路易斯安納世界博覽會	專業	0512 1111	734	美國路洲博覽會落幕前6天破產、下屆芝加哥停止申辦、美國此後不申辦世博
1985年	日本／筑波	筑波世界博覽會	專業	0317 0916	2033	展出機器人與全球最大3D電腦動畫
1985年	保加利亞／普洛地夫	普洛地夫世界博覽會	專業	1104 1130	100	第一屆世界青年發明家博覽會
1986年	加拿大／溫哥華	溫哥華世界博覽會	專業	0502 1013	2211	交通與通訊
1988年	澳洲／布里斯本	布里斯本世界博覽會	專業	0430 1030	1858	科技時代的休閒生活
1991年	保加利亞／普洛地失	普洛地夫世界博覽會	專業	0607 0707	NA	第二屆世界青年發明家博覽會
1992年	義大利／熱那亞	熱那亞世界博覽會	專業	0515 0815	170	紀念哥倫布發現美洲500周年
1992年	西班牙／塞維利爾	塞維利爾世界博覽會	綜合	0420 1012	4180	展出柏林圍牆碎片、大型戶外空調冷氣
1993年	韓國／大田	大田世界博覽會	專業	0807 1107	1400	展出磁浮列車、太陽能汽車與電動車。
1998年	葡萄牙／里斯本	里斯本世界博覽會	專業	0522 0930	1000	海洋ー未來的財富
2000年	德國／漢諾威	漢諾威世界博覽會	綜合	0601 1031	1800	美國缺美金4千萬建館經費而退出世博
2005年	日本／愛知	愛知世界博覽會	綜合	0325 0925	2205	展出智慧型機器人與IC晶片票務系紀
2010年	中國／上海	上海世界博覽會	綜合	0501 1031	7000	展出4D技術、新能源公車
2012年	韓國／麗水	麗水世界博覽會	專業	NA	NA	有生命的大海、會呼吸的海岸
2015年	義大利／米蘭	米蘭世界博覽會	綜合	NA	NA	食品、地球的能量

（註十二）

第九章　健康長壽的要訣

沙依仁教授

一、前　言

近年來全球暖化，極地冰融，天災人禍頻仍，導致人類的罹病率、死亡率大幅升高。本會（台灣大學退休人員聯誼分會）亦不例外，去年一年之內，會員罹病及亡故人數顯著增加，有必要和大家共同研習養生保健新知；期望能朝向健康百歲的標桿邁進。

二、身體保健

孫安迪醫師說：「吃、喝、拉、撒、睡都沒問題，此人身體必定健康。」

㈠飲食　主食糙米飯較白米飯優，副食多蔬果，少葷食。口味清淡、少油不抽煙，少飲酒，少飲咖啡。食量七分—八分飽。每餐間隔約五小時。

早餐宜好，中餐宜飽，晚餐量少。晚餐在下午八時前食畢，不宜再吃零食或宵夜，飲水：**2000-2800cc/日** 分多次飲畢。

(二)排泄　排尿排便宜順暢，最好養成晨起排便的習慣，葷食者易患便秘，素食者排便較順，如有排便不順，可於有便意時拍打足三里穴，就可順利排出，老人每日排便二—三次並非不正常，不可常用軟便藥會形成習慣。

(三)睡眠　每晚睡足八小時外加午睡半小時已足夠，晚十時上床早晨六時起來，晚上十一時至半夜三時應熟睡，那時候氣血走肝經，熟睡才能養肝，老人不宜久臥。孫思邈說：「久臥傷氣。」睡眠的品質宜佳。好眠的條件：1.身體清潔 2.晚餐勿吃太飽 3.勿抽煙、酗酒、喝咖啡、濃茶 4.睡前不可有太多思慮，煩惱、憂苦身心，要學習放下。古人養生日出而作，日入而息，夏季要晚睡早起，冬季宜早睡，晚起。就靠冬季每晚多睡一或二小時，可保來年身體健康不罹病。

(四)運動　1.吐納（呼吸）細慢、勻、長，練習鼻吸口吐，使入氣多，而出氣少，氣存丹田。2.按摩或氣功　陳立夫資政，每日必練的內八段錦是一種按摩氣功，使他長壽活到一〇二歲，隔空放氣氣功可以強身又可將氣傳給別人強化其身體功能。3.健走　老人每日健走三千至五千步，可保持健康。大陸名醫齊國力表示太陽升起方可作戶外運動，因爲全球空氣污濁，陽光照射方可消減碳氣，否則過早出門運動，反而危害身體健康。

三、心理保健

㈠樂觀　凡事往好的方面設想。

㈡神志愉悅，情緒平和（喜怒哀樂，應漸平淡）

㈢應有慈悲心、愛心、惻隱之心（要能做到慈悲喜捨）以上是心理保健應做到，可是一般人能做到的不多。在現實生活中有不少不如意或無奈，引發負面情緒，例如年輕人就業、婚姻、養育子女都不容易，老人缺人照顧可能引發焦慮、恐懼、忿怒　等負面情緒。媒體報導有些更消極更黑暗之事，例如年輕男女得不到愛而殺人，老人不幸有啃老族的子或女，而慘遭謀財害命。使人間增加了殘暴及怨恨，因此心身症，精神疾病逐漸增多。如何導正人類的心理狀況使社會變祥和？1.推廣愛心善念，濟公活佛在今年三月中旬鑒於日本災情，提出「把愛串起來」以改變現實世界。2.個人提升休養去毛病改脾氣。3.關心並照顧別人。如此才能將負性情緒改變爲正向情緒、繼續推廣以達到世界大同的理想。

四、精神建設

人爲活於世上要有目標，努力實踐逐步達成自己的目標。如此人生才有價值，不可隨便混過一生毫無成就。爲實現自己的願望，最好要有宗教信仰，靠神的力量加持，使你增加自信及力量，沖破層層難關達成你的理想，尤其到了老年，一定要求得一種信仰，才不會虛度此生。不論信那一種宗教，其信徒大致可分成兩種類型。一種只求今生福報，諸如功名利祿，不深研經典亦不渡化眾生。此種人將來仍陷入輪迴，清靜經：「流浪生死，常沉苦海，永失真道。」

另一種努力研究教義，實踐奉行，渡化眾生，所謂尋求超生了死的真理將來就會修成正果，回歸理天。（天國）總之，無論何種宗教，都是求道者多，成道者少，要憑自己不懈的努力，才能有所成就。

五、老人保健須知

㈠勿久臥、久坐、久站、久視、久聽、多思慮。

孫思貌：「久臥傷氣，久坐傷肉，久站傷骨。」筆者曾看台視健康節目講：久坐會罹患心臟病，中風、椎間盤突出、脊椎側彎等病，運動可逐漸改善脊椎側彎等病痛。老人打電腦、閱讀或者聽音樂切勿持續半天或整天，會傷視力、聽力，應每兩小時休息十五分鐘。

㈡頭部宜涼，足部宜暖，睡覺勿張口，勿蒙頭睡。

㈢要存善念、多做善事，可避免遭遇凶險或意外事故。

六、疾病防治及藥物傷害

筆者研究的六十五歲以上的老人有病者佔69.97%，八十五歲的老人患失智症者佔21%，本分會會員中，患內臟疾病、中風、洗腎者、裝心臟支架，換人工關節者，患失智者，罹患憂鬱症，燥鬱症者。最嚴重的是癌症病患經手術切除部份壞組織，還要經過化療。存活不久後又轉移到另外的臟器，再經多次手術最後就喪命了。神經外科許達夫醫師患大腸癌住院治療三分之一療程，感覺到痛苦難忍，立即停止手術治療，以預防醫學方式自救，終於成功救活了自己。臺大醫院李豐醫師罹患淋巴癌經化療發現血小板劇降，她思考再經一次化療必死，乃與醫師商議停止化療，醫師不允許，她即刻離院，改吃生機飲食、素食終於恢復健康。筆者希望各位會友平日多注重養生，多閱讀醫療文獻，有足夠的學識才能自主。必要時與醫師商議以保障其生命安全。並期盼西醫們能接納中醫爲病患補充營養，使罹癌者能安全渡過危險期，會友有雇外勞服侍者，自己不做任何家事，結果衰退較快，不到七十歲已經亡故了。閱讀文獻發現古代長壽者半數以上是農夫，他們粗食、勞動、曬太陽、活過百歲。上述顯示適度運動對保健有益。

最近中研院生化所副所長陳瑞華的研究團隊，探究特別快速發展的癌症患者發現其病灶處嚴重缺氧，好細胞已消滅盡，癌細胞沒有遭到任何阻力，所以能如此快速成長。該團隊正在研究治癌的新方法。筆者向瑞華問詢，是否病患們平時缺乏運動，其生活狀況如何？尚需後續探究。

至於藥害的新聞一〇〇年十月十三日中國時報A6生活新聞報導針對美、加等國3.5萬男性作研究，發現男性每天吃維他命E，攝護腺癌增加17％美國學者指出日常飲食攝取量已足，再吃藥丸有害無益。我們日常飲食經消化吸收合成的維他命及營養素，有多餘，會排泄出去，但成藥的維他命及其他補藥，有多餘卻排不出去，留在體內致罹病。會友們不可不慎，以免費錢又傷身。至於其他常服的藥害，安眠藥及通便藥，常服會成習慣性，將來無法戒除。止痛藥及胃藥多服對身體有傷害。

七、結　語

以上資訊各位長者不但要知曉，而且能實踐，並期盼大家健康長壽，安享晚年的黃金歲月。

會務通訊，第55期，一〇〇年十二月十七日。

第十章　健康長壽談養生

沙依仁理事長

一、當代老年人的特徵

㈠壽命的誕長　半世紀以前老人能活過七十歲已經算高壽，到現在老人退休後尚能存活二、三十年，活過一百歲的老人台灣就有一千多人，其中女性八百多人、男性三百多人，近年來成年人不婚、少子化，使老年人占總人口的比例增加。

㈡病弱衰退需要醫療及長期照護的老人，越來越增多，本來研究六十五歲以上老人有病的佔69.96%，無病的佔30.04%，許多長期患諸如高血壓、心臟病、肝病、腎臟病、中風者，終生以藥物控制，八十或九十歲以上，需要長期照顧的人數增多，雇用外勞服侍者佔多數。

㈢家庭及社會關係逐漸萎縮，老人難免孤獨。

㈣社會未賦予老人新角色，老人福利法只規定老人可以當志工，並未規定老人退休後的就業，或延退辦法。

照以上特徵，當代老人雖然長壽者多，但健康情形並不良好，很多老者是帶病延年，醫藥不斷，必須靠別人照顧，才能存活，這樣的長壽毫無意義及尊嚴。老年期不鍛鍊就退化的實例，臺大教職員退休後生活靠退休金維持，毫無困難，所以許多老人會放鬆自己不鍛鍊身體，結果身體快速退化。理學院一位退休教授每天搖椅坐坐，二年後不會走路；另一位教授沒有家屬陪伴，不出門活動，不看書本，亦無人交談，一年後就失智，可見老年期仍不能缺少鍛鍊及學習。

二、佛雷斯及克雷帕教授鍛鍊老人的理論與心得

兩位美國史丹福大學醫學院教授（Fries, James F.）、（Crapo, L. M.）鑒於人類生存在世界上時間越來越久，但是卻不健康，許多六十歲以上的老人體弱多病需要照護者，以及耗費大量醫療資源，使個人及社會均受到損害。兩位醫師使用多種訓練方法，延緩老人老化的時間，使大多數的老人都能過著健康幸福的生活，這種訓練方法能縮短人的衰退

期，使八十五—九十五歲多數健康老人能得到自然的死亡。上述訓練成果使我們獲得領悟，倘若應用養生保健的新知訓練老人，當可達成健康長壽的目標。

三、老年期養生保健新知及自我鍛鍊

㈠生涯規劃：六十歲左右的老人，就應該開始規劃老年期該做什麼 事？不可以閒居等死！應考慮的：

1.再就業、擔當志工，加入社團。

2.老人教育：老人福利服務中心的課程，各社團及公益團體的演講是免費的。社區大學老人松年大學的課程是收費的，參加的老人以六十—七十歲佔多數。

3.經濟安全，軍公教退休人員靠退休金生活尚無問題，倘若罹患長期疾病，醫療及照顧者費用，子女升學婚嫁、創業，以及子女要求分產，就無法應付。記得七〇年代初期中央日報副刊談及老人經濟安全，老人除退休金外應儲足四百萬元，迄今需八百—一千萬才足夠老年生活（包括老人的後事支付在內），至於子女要求分產，日本的父母掌握住自己的財產，延遲分產時間，以便獲得子女的孝順，個人原本不認同，後來做了十幾年的觀察研究，發覺實際上是如此的。總之，老人應瞭解理財的方法，退休金使用得宜，仍有結餘及儲蓄，才能獲得老年的生活安定。

㈡養生保健：

先談飲食方面——老人最好能吃糙米飯（因爲白米飯是酸性食物）每天食量，飯三碗、蔬菜三碟、葷菜一碟、蛋半個、水果二—三個，老人適合的食物當以：

1.增加免疫力：安迪湯以黃耆四錢、枸杞紅棗各三錢、加兩碗水熬湯用，這是一人一天的份量。抗癌蔬菜湯：白蘿蔔一支或半支、白蘿蔔葉（與白蘿蔔等重）、紅蘿蔔一支、牛蒡半支、香菇八朵，一鍋水煮湯。

2.抗癌蔬菜：蘋果、杏、香蕉、奇異果、柳橙、木瓜、番石榴、青花椰菜、白花椰菜、芹菜、萵苣、甘藍菜、洋蔥、馬鈴薯、菠菜、番茄、番薯。

3.消除自由基：香椿（兼具抗癌作用）、大蒜（必須生食）。

4.使血管軟化：鱈魚、沙丁魚、秋刀魚這些魚脂肪太多，不可常吃，以免血管堵塞。

5.抗氧化營養素：包括維生素A、C、E、硒、鋅等，維生素A多存在牛奶、蛋黃、肝、奶油等，維生素C多存在綠色蔬菜及水果內，維生素E在植物油種子、堅果、小麥胚芽，硒多存在肉、蛋黃、牛奶、穀、豆、蘑菇、大蒜、鋅多存在蠔、蟹蝦、玉米、菠菜、豌豆、黑豆、扁豆等。維生素C、E、硒、鋅均能抗癌。

6.白木耳、黑木耳、蓮子含膠質，老人在冬季宜食含膠質的食材，阿膏是動物的皮製成的補藥，雖然膠質多，可能會阻塞血管，不如素料膠質，比較安全。

7.乾果：老人體內油質少，就會便秘，每日應吃少量乾果，如核桃、南瓜子、松子。

8.五色豆：綠豆、紅豆、黃豆、黑豆、白豆，沒有罹患痛風的者可以常吃。

9.少吃刺激性食物、加工食品及含糖飲料。

飲食治療是將酸性體的中老年人變成鹼性體質，由於多吃葷食、油炸食品、煙、酒、口味重（多吃糖或鹽），許多成年人已成酸性體質罹患癌症、高血壓、中風、糖尿病、腎臟病、心臟病、肝病等，亟應改變飲食習慣多蔬少葷，或全素，經過一段時間病況減輕逐漸康復。參加宴會切勿酒食超量，可能會導致猝死或對身體有損害。尤其是五十歲以上的中老年人應自我節制，以保健康。

次談起居方面——

1.睡眠：早睡早起晚間睡足八小時，午睡半小時或一小時，晚間十一時至凌晨三時宜熟睡，此時氣血走肝經，熟眠才能養肝，失眠患者不宜常服安眠藥會上癮，而且毒性強。晚上不可思慮、煩惱，應該學習放下（把一切煩惱思慮都放開）就能熟睡。

2.排泄：老人患便秘的比例很高，宜多吃蔬果：蘋果、奇異果、香蕉、番薯、南瓜。

乾果類：核桃、芝麻有油質能潤腸，便秘者不可常服軟便藥，否則也會形成習慣性。

3.預防意外。

⑴防跌：這是最常發生的意外，其傷害最嚴重者會死亡或骨折，家中最容易跌倒的地方是浴廁，其次是臥室。半夜起床如廁，最好先坐床邊踏步數十次，再站起行走，就不會跌倒。廁所應裝止滑地磚，家有行動不便老人，應在室內沿動線及浴廁加裝扶手，臥床減低高度，避免跌傷。

⑵防噎：老人吞嚥功能減退，凡過大、過熱、過黏的食材最容易噎死，所以吃湯圓、吃年糕曾經噎死過老人，老人的食材要切細，品飯時要有一、二碗湯，細嚼慢嚥，才能防噎。

4.用藥安全：藥即是毒不可濫用，台灣最普遍濫用的藥物包括感冒藥、止痛藥、安眠藥、通便藥、各種補藥、減肥藥，長期病患經醫師診斷處方的藥物，雖不致被濫用，但長期使用副作用強，可能引發另一種病，例如中風病患服的降血壓通血管藥，長期服用可能引發心臟病。未來應發展預防醫學，多注重養生防病方爲上策。

再談運動方面——老人最適宜的運動包括慢走、太極拳、氣功等，每天慢走五千至一萬步，持之以恆，可達保健強身效果。拉筋：中老年人不常運動，骨鬆筋縮，動作比年輕時遲鈍，例如蹲下困難、五十肩手舉不高，每天宜估展操、八段錦等予以改善，氣功、按摩使穴道及內臟加強功能，隔空放氣，使手掌勞宮穴、腳掌湧泉穴及頭頂百會穴都能吸收天地日月樹木之氣，亦能發氣給別人以改善體質，打通任督二脈及金剛動功加強脊椎功能，勤練呼吸法加強肺活量，已達長壽的效果。

㈢心理保健

1.終身教育緩心智衰退：五、六十歲的人開始健忘（近期記憶衰退），例如看到熟人和他打招呼，卻記不起他是誰？記不起現在要做什麼事情？例如忘記吃藥或者忘記吃過藥了，又再吃一次，寫文章記不起一句名言，或字的寫法，這時就應參加老人教育項目；研討會聽演講，或者勤查字典。要多爭取寫文章及發表言論的機會，否則退化加速，出門行走不記得回家的路，可找警察幫忙，開了瓦斯爐忘記關、險遭火災、家人無奈將老人送進托老所，每天早晨送去，傍晚下班後接回家，這個階段再不自我訓練，就會退化成生活完全無法自理，不住在一起的子女親人都不認識，如此長壽就毫無尊嚴，毫無幸福可言。

總之在漫長的老年階段會經歷到身體機能及心智的持續退化，在退化之初就要自我警惕，參加老人教育項目學習新知、技能、自我鍛鍊，使老年階段很有一些成就加上退休前的貢獻，才算是一個成功愉悅的老人。

2.情緒和平喜樂，消滅妒恨哀嗔：人類一生中會遭逢順境及逆境，所以情緒高張，喜怒哀樂很難避免，而且佛教所謂的人生四大痛苦：生老病死，老年遭到三個。所謂傷的情緒：怒傷肝、煩傷胃、喜傷心，老人情緒高張會傷身，所以應學習情緒平和樂觀。

㈣精神生活：

老人應該精神有所寄託，最好有宗教信仰，老人信仰宗教有下列益處：

①消滅煩惱，不懼死亡。②修改脾氣。③慈悲喜捨，樂善好施。④有許多進修機會，達到老人再教育目標。⑤老少道親合辦法會，使老人有緣結識許多年輕朋友，彼此可互助合作。⑥佛教及一貫道均提倡素食，對社會之節能減碳、個人之養生保健，均有裨益。

四、健康長壽的標準

健康長壽的標準可總結爲「三個不」「六個正常」和「十個得」：「三個不」是上樓胸不悶、步行氣不短、走路腿不痛；「六個正常」是體重正常、血壓正常、血糖正常、血脂正常、尿酸正常和心電圖正常；「十個得」是說得清、聽得懂、看得準、算得出、走得動、站得直、吃得下、便得暢、睡得好、想得通。老年人如果不符以上標準，就應及早去請教醫生，進行診治，無論發生任何情況，均應保持輕鬆愉快的心情，不要過度緊張。

五、結　語

老年期是人生最後一個階段，也是最長的一個階段，約有二、三十年，在這漫長歲月中不能虛度，總是要找些事做；再就業、創業，做志工或從事社會公益事業，對個人及社會都有益處。養生保健方面應兼顧身心健康、適宜的飲食、睡眠運動、預防意外及服藥安全，老人應參加終身教育項目以延緩心智退化。同時也要訓練自己情緒平和，減少負面情緒，在精神生活方面，有宗教信仰或多研習經書，使老人健康長壽，平安喜樂的度過一生。

本會蟬聯本校教職員工文康活動推行委員會績優分會，由活動組關麗蘇組長代表本會參加頒獎典禮領取獎座（98.11.12）（關麗蘇組長提供）

本會前理事長沙依仁教授代表本會致贈感謝狀向敦煌能量舞蹈家蔡馨儀老師及其團隊表達誠摯的謝意。

98 年度會員大會（關麗蘇攝，98.12.29，臺灣大學校總區第一會議室）

於 98 年度會員大會中，本會前理事長沙依仁教授教大家「美容氣功」
（關麗蘇攝，98.12.29，臺灣大學校總區第一會議室）

第十一章 新社古堡花園、昇和菇園等一日遊

沙依仁理事長

接近歲尾，工作同仁忙著辦理理監事會及會員大會事宜，並未期盼此次旅遊能夠辦成，幸賴少數會員的熱心表示，一定要成行，本會關麗蘇組長在一日之內招到十四名會員暨眷屬參加，宣告額滿成行，大家都興高采烈，當天會員都在八時前準時到達，沒有遲到及缺席者，堪稱效率極高。8:53-9:06 到關西休息站。10:19 到達石岡水壩，位於台中縣豐原往東勢的途中，是國人自行設計的水壩，於民國六十三年完工。

當初為大甲溪之攔河堰，全長七百公尺，是一個橫跨大甲溪的水壩，提供台中縣市民生及工業用水的主要水源區，九二一地震將水壩震壞，埤豐大橋因地勢改變形成小瀑布，災後重建，水壩成為現今的風貌，水壩附近的自然景觀依舊保持完整，林相綿密，鳥類棲息其間有小白鷺、藍鵲鴿等。水壩入口處原有的鐵道已廢棄，改成東豐自行車綠

廊，我們佇立在水壩旁觀賞風景，有小販賣鮮柿及柿餅，大家購買一些；10:45 離開石岡，乘車駛向新社古堡花園，於 11:20 到達，該莊園座落在台中縣新社鄉協中街65號，電話：（04）25825628，進入大門即見售票亭，購買門票一般人三○○元，老人票二五○元，沿湖步行看見道路兩旁都種植花卉、灌木，我們進入六角亭餐廳二樓午餐，除素食者吃素食餐外，其餘訂了牛排套餐及豬排套餐，每客三五○元，主菜份量多，胃口小的會員尚有剩餘，飯後三五朋友結伴同遊，在和煦的陽光下散步及聊天，非常悠閒，該莊園佔地面積極廣，相當於三十七個大安森林公園的面積，地勢較高約有海拔五百至八百六十公尺，氣候宜人，平均溫度約二十三度，莊園的建築物多數具有歐式古堡或羅馬拱柱之格式。著名的設施有湖畔遊憩區、西堤碼頭、六角亭餐廳、酒莊、古堡、樹屋、虹橋等，13:40 我們離開新社莊園。

乘車駛向昇和菇園於 13:47 到達，首先參觀菇寮，由該菇園的工作人員爲我們做簡報，大約有五百坪左右的場地，只有一半在種著香菇及木耳，其餘都未使用，只見一包包的塑膠袋裏面放了木屑及菌種，平放在地上，每一袋都可用五－七次，但是培養出的作物，一次比一次小，最後就不能用了，必須重新栽培；所種植的作物極大的有鮑魚菇，極小的有金針菇，種類極多，參觀菇寮後轉往販賣部，該菇園請我們喝洛神茶，以及品嚐各種菇類食品，大家購買了新鮮或乾的菇、木耳、金針花以及菇類製的食品，14:25 乘車駛向花海，於 14:34 到達田尾的花海，這是農田休耕期，改種植各類草花，有四季海棠、一串紅、馬櫻丹、百合花，萬紫千紅，令人目不暇接，不過僅供參觀，無盆花出售，賞花的人及轎車極多，15:22 開車駛向石岡的客家文物館，在九二一地震時該古厝被鎮垮，災後募款重建，改爲文學展出客家衣服、種田用具如、水車、碾米機、犁、鋤頭等，家庭用品及設備如鍋碗盆灶、床等，另在一幢古厝的正廳上放置屋主祖先的畫像，穿著清朝服飾，古代還沒有照相，所以用畫像替代照片，尤其是祖先的畫像更是寶貴，古代盛行擴大家庭制度，富有家庭有一個房間專掛祖先畫像，而且依輩份排列，每年臘月掛出人像，另設供桌放置菜飯菜餚，每日更換，以示對祖先之崇敬。該戶祖先遷台灣已經歷十四世，距今已有四二〇年（大約在清代雍正年間來台灣的），走出古厝看到庭園中一棵麵包樹，枝葉茂盛樹幹極粗，據說已有百餘年（一世紀以上），大門附近池塘裏錦鯉有數十條與一隻鴨子正在覓食，大家看的留戀忘返。

我們於 16:08 離開文物館，因爲時間尚早不到晚餐時間，所以增加一個景點，參觀三義鄉郭元益餅店的作業場，場內展示從前製餅的舊設備、爐灶、用具、模子等；看到舊式的電影放映機、留聲機，彷彿進入時光隧道，回到民國初年，參觀完畢，我們到店內購買餅、麵線等產品，18:00我們到銅鑼鄉東山庄餐廳晚餐，享用道地的客家菜，在歸程中，卡拉OK歡唱很熱烈，此次旅遊之特色是參觀的景點最多，購買的農產品亦不少，大家興緻極高，回到台北已經將近20:00。

（會務通訊，第40期，九十七年元月廿五日出刊）

第十二章 臺大山地農場梅峰清境二日遊

文：江奎章

在信義兄嫂照顧下終於補位成功，擠身這次二天一夜之旅遊，七日當天六時三十分與信義兄相約在臺大校門口見面，進入臺大校園照了幾張相，分別在21響的傅鐘前、信義值班的聯合服務中心取景，一圓未進臺大就讀或服務的缺憾。

準七時三十分出發，臺大退休人員幾乎都是上了年紀的人，中途休息上下車，都很配合很準時，動作絕對不輸年輕的利落，守時守法的精神，絕對優於年輕世代族群。

第一站來到中台禪寺，這座結合中西建築美的新式寺院，在惟覺老和尚發願下由規劃至完成歷時十年，造價上百億，建築非常雄偉莊嚴，主體以石材爲主，象徵修行的堅固和永恆不變，其中一樓的四大天王，高12米是經過美化的柱子，各位可以在照片中欣賞到中台禪寺的氣勢及宏偉。

車行一路爬坡，直上海拔二一○○公尺，面積一四○九公頃的梅峰山地農場，同行好友福成兄，網名拿破崙，學貫中西，著作高過他身高，他說每高一○○公尺，氣溫就降 0.6 度攝氏，二一○○換算起來就是 21x0.6 度，溫差約 13 度，晚餐後，重頭戲開始，在解說員帶領下，打著手電筒摸黑前進山區平台，躺在工作人員帶來的軟墊上，仰觀滿天的星斗，解說員要大家先把眼睛閉上，然後由一數到五，再睜眼，星光真的明亮多了，以鐳射光束，指引大家看北斗七星，那個是牛郎星、織女星、木星、天蠍星等等，原來這些命名也是發現者自身的想像，後來的人要看懂真的不容易，好比天蠍星，要是不點出它的主結構，怎麼猜得到？男男女女大家躺在高山平台墊子上仰觀星象的體會很奇妙感覺，要親身體會才能了解。

信義、普炎、福成都是臺大主任教官退休，學問高見聞廣博，四人合住一室，普炎兄歌唱極棒，天天下水游泳 38 分鐘一千公尺，日排便三次，身體保持極佳狀態，福成兄文武合一，除了著作高過身高外，武術更是了得，飛腳與眉齊金雞獨立數分鐘穩如泰山，推之不動，信義兄更是多才多藝，歌好舞佳、網球、高球、跳遠，樣樣行，爬山如山羊輕鬆飛躍，下坡更是利落如猿猴，所幸此行前我密集自我訓練 36 天，不然真的會走不下來，看到九十高齡的植物系權威教授李學勇亦步亦趨，直覺汗顏，一路上他細說楓葉，我們大大的長了不少見識，楓葉是對生的，不管它是三片或五片，所謂以葉子觀察「楓互合槭」的說法根本是錯的，一代傳一代的錯下去。

四人住一間，衛浴只有一間，我們分配好起床時間，我三點起來練功、信義兄四點起來、福成五點起來、普炎五點半起來，大家錯開起床時間，四個人都是職業軍人退伍，五點半全著裝待出發，要到八點才能進早餐，所幸福成嫂有準備每人牛蕃茄二個餅乾一包充飢。

晨起氣溫極低，六點出發賞鳥去也，四人配發望眼鏡一具，只聞美妙的鳥鳴猶如「HAYYP NEW YEAR」，遍尋鳥蹤不易，解說員要大家幫忙找，真的有好多不知名的大小鳥穿梭在林間。

八時進早餐，一天只食早、午餐的我，快餓垮了。餐後在解說員帶令下，欣賞梅峰農場的水果及花草，七葉膽、水蜜桃、獼猴桃、梅子及各種花卉盡收眼底，值得一提的進口的紐西蘭奇異果及藍莓都在臺大實驗農場栽培成功，解說員帶我們進入藍莓栽培區，特別提醒不可伸手摘食，福成兄運氣好，正好掉落一顆藍莓在嘴裡，有機栽培的，不用洗放心食用，直說好甜，信義兄比照辦理，口水流盡，惜藍莓偏不掉落其口中。信義嫂人比花嬌，在五色繽紛的繡球花前與另一美女福成嫂，合照畫面真美。

清境農場的綿羊秀，觀秀設備有些簡陋，日照高溫達三十幾度，不過表演算精彩，也不虛此行。

雲南擺夷料理——魯媽媽餐廳生意興隆，頗具特色；回程晚餐在苗栗陳師傅餐館用餐，客家鹹湯圓、紅燒蹄膀、糖汁烤地瓜都很道地，尤其是韭菜碗粿人人讚好，外帶回家分享的人不少，足見臺大退休人員都是有情有義，有好的必定分享家人，可惜我晚餐不吃，，不能一一品嚐，客家菜通常口味很重，但陳師傅餐廳，口味較淡，頗受大家好評。

歡樂的時光特別快，九點四十五分回到台北，大家都離情依依不捨中互道珍重，期盼下次再相聚，承辦人特別強調八月份在佛光山見。

（出遊時間是二〇一一年七月七日至八日兩天，會務通訊54期，一〇〇年十月廿日。）

第三篇　老照片說故事

——路伯伯的臺大校園考古學

按：本篇是臺大森林系的活歷史、路統信先生說臺大的古老歷史故事。

98 年 11 月 18 日，苗栗採果。

臺大最早的共同科目大教室

本校提供大一新生共同必修、通識教育及全校性分班編組課程，教學上課使用的集合大教室建築，依興建年次現有新生大樓、綜合教室樓、普通教室大樓和共同科目教室大樓等四棟，由於歷年學生人數的增多，四棟教學大樓，仍顯有不足，近時又在普通教室大樓後方，原地理系館舊址新建教室大樓一棟，暫名「教學一館」預計今年十月竣工。連同前面四棟共有五棟。

爲讓教學大樓名稱更具意義，並有利於師生辨識易記，總務處和教務處擬將五棟建築物重新統一賦予各大樓名稱，現正進行徵求命名活動。

在上述五棟教學大樓興建之前，最早作爲全校共同科目課程

進入臺大校門，椰林大道左側，舊總圖書館（今校史館）西側，農業陳列館前蒲葵道南側校園區塊的情景（1962 年）

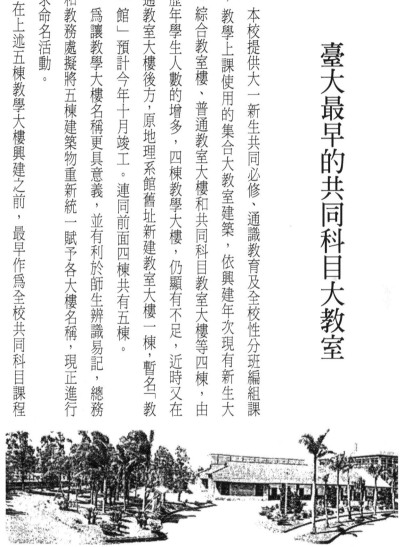

教學使用的教室建築，即是老照片中位於校門內椰林大道左側，一九四九年興建的兩排平房「臨時教室」。

本校前身的台北帝大，學制是採用講座制度，每一班級上課的學生人數不多，原無適合大班上課的共同科目教室設置。一九四五年本校成立，各系新生人數增多，全校共同科目上課、急需容納百人以上上課的大教室。一九四九年初，傅斯年校長到任不久，隨即籌畫大教室的興建，當時因學校經費短缺，暫以節約方式興建了兩排平房六間臨時大教室，並以臨1、臨2……教室編號。

教室於暑假期間興建竣工，三十八學年度第一學期新生入學正式啓用，教室內的課桌椅是在木製倚右邊把手加裝一塊木板，供書寫之用，一方面爲節省經費，同時也充分利用空間，教室內可以設置更多的座位。這兩排臨時教室是臺大最早興建的共同科目教室，經使用十多年後，樓高五層的新生大樓建成，臨時教室始予拆除。

照片中兩排臨時教室位在校門內椰林大道左側，背後是後來興建的農業陳列館洞洞樓，東側是尚在興建中的「農經、農推館」洞洞館（農業經濟系與農業推廣系於農業綜合館建成後又遷入新館，洞洞館改爲文學院哲學系館）。西側原是一片小樹林，後來在這裡興建了人類學館。走道左旁還豎立著佈告欄。遠處矮牆外臨新生南路，路中央的瑠公圳大排渠道隱約可見。

臨時教室於功成身退拆除之後，這裡佈置成爲綠地空間，後又有人類學系館建成，與農業陳列館、哲學系館，三座洞洞館分別座落在西、北、東三面，成U字形，中央築有圓形花壇，在校園中自成格局，別有天地。

依照校園規畫方案，近期又將在這裡興建「人文大樓」。現今哲學系已先行遷往水源校區。人類學博物館遷往校史館西側。將來西、東兩座洞洞館拆除，「人文大樓」高樓聳時，校園之內，大門左側，校史館以西的這一區塊，必又是另一番氣象。

二〇一〇年三月

臺大溪頭流籠腳

四月間，穀雨次日，本會舉辦溪頭二日遊、我隨即報名參加。行前領隊關麗蘇組長曾談及此次活動，原計畫在溪頭自然教育園區約請一位解說員，隨團講解，後以解說員須付酬，因而作罷。我當即表示願爲本會同仁會友擔任志工服務，負責遊程解說。本校實驗林成立於民國三十八年七月一日，當年寒假我們森林系二年級的一班同學到溪頭修習「林場實習」學分，是實驗林成立第一批來此實習的學生。當時同學們每人在溪頭營林區辦公室前面的庭園栽植一株紀念樹，並在樹前插牌，書寫「○○○栽植，民國三十九年二月」。而今六十一年過去了，小木牌早已不見，當時栽植的小樹苗，卻已是參天大樹，鬱鬱成林。此後我又曾在實驗林工作三年餘，專事教學實習，實驗研究與推廣。規畫設立溪頭森林遊樂區計畫及針葉樹木園、台灣杉種子園、竹類標本等研究計畫，工作重點皆在溪頭，因而對營林區沿革歷史、地理位置，生態環境、遊憩設施、自然教育及造林試驗地位置等，知之較稔，園區內一草一木，皆有因緣。

四月廿一日晨，大伙兒齊集校門口大學廣場，八點正登車出發、經車埕車站鐵道懷古，集集參觀台灣省特有生物研究保育中心、武昌宮地震災後遺址及新建工程，竹山紫南宮。晚間抵達溪頭住宿明山飯店。

次日早餐畢出發，徒步遊覽自然教育園區，溪頭爲大多數旅遊伙伴舊遊之地，更有人已來過多次。對神木，大學池、空中走廊等景點，皆知之熟稔，遊興正佳，極少需要導覽解說。唯有在回程行經神木林道草坪區，見有樹立路旁之「流浪腳」解說牌，吸引了大家的興趣，需要解說，願聞其詳。暢遊歸來，找出六十年前舊照片，特撰此文說明，供爲參考並請指教。

「流浪腳」應是「流籠腳」。流籠是山區運輸人員和物資的簡易空中索道。索道上端之設施，稱爲流籠頭；下端稱爲流籠腳。這裡的草坪區早年爲運送木材及伐木工作者承載，曾設置有空中索道，上端通達「杉林溪」。

杉林溪林班生產之林產物，經由此索道輸送至溪頭，再以窄軌人力台車輸送至車軌寮（即今之廣興），轉由機動卡車運到竹山或林內火車站。臺大實驗林成立後，索道不再利用，廢置多年後拆除。近年爲發展旅遊及生態教育活動，始規畫爲現在的草坪區。即我們今日看到景觀。

溪頭流籠腳空中索道（溪頭上行杉林溪）（1950.2）（臺大校史館提供）
老照片攝於六十年前的 1950 年 2 月，森林系同學第一次到溪頭林場實習。流籠腳海拔 1300 公尺，空中索道設施尚保持完好。索道穿越兩側的柳杉林，上達杉林溪。全班同學們於樹木學實習完畢，在此合照。照片中約有 20 人。
右前一為作者、後廖日京、再後于湘文
左前一為游星輝（在交通部觀光局副局長任內）

文學院南西角樓

這是一幅一九四九年暑假拍攝的老照片，文學院前棟西角樓二樓是「第二十室」大教室，一樓則是文學院圖書室。

照片右側穿過椰林大道望過去是行政大樓，遠方是昆蟲館後的蟾蜍山，角樓後側一片草地，有些荒蕪，碎石步道右側未入鏡頭的部份，前有舊圖書館（現校史館），後有樂學館，樂學館是三層樓建築，在台北帝大時期，大約是文政學部的小教室和研究室。本校接收改制後空置暫未使用。二樓和三樓由校方安排幾家教職員眷屬暫住，炎炎夏日夕陽西下時分，幾位

住校同學和眷屬小朋友孫小茵、韓拱辰合照留影。

註：孫小茵是訓導處生活管理組主任孫嘉時的長女，韓拱辰是訓導處課外活動組韓主任的獨生女，十年後就讀外文系並當選為文學院學代會主席。

消失在校園的 TANK

時光隧道回朔到四十年前，校園沒有盛開的杜鵑花，聽不到傅鐘二十一響，看不到今日總圖和綜合體育館的宏偉建築群，這幅照片中高聳雲表的煙囪，和黑色巨大的TANK，也可真是校園一景，在此攝影留念。

本校成立之初，三號館以及後側一直到舊基隆路（今舟山路）廣大範圍，皆屬於農業化學系。三號館樓即是農化館，館後平屋建築是農化實習工廠。（現今爲經營管理組、營繕組修繕股、學生住宿服務組、信件室等單位辦公室）。背靠舟山路的望樂樓，當時是一片空地，對面L行的一列平房和原校警隊部，則是台北帝大時期南方資源研究所的纖維研究室，由農化系接管後二年，一九四七年森林系新成立，撥交森林系做爲實驗室和辦公室的館舍。

現今合作社理髮部和洗衣部一列平房，原是普通化學實驗室。農化實習工廠的規模不算大，卻附設有高聳的大煙囪和一樽巨大的瓦斯槽（TANK）。煙囪在臺大成立後似乎從未用過，現今依舊高高聳立在那裡，成爲校園古蹟，瓦斯槽卻早在興建推廣進修部樓房時拆除。瓦斯槽僅拆除了地上部份；地下深層不易拆解，仍有部分埋在地下。因此不能作爲高樓建築基地，只好將這塊地闢爲花園綠地，現在由學生社團花藝社管理，在這裡設立園圃，培育花卉苗木等觀賞植物。

兩幅照片，是在一九四九年五月，由臺大攝影社創社社長李醒民學長（農工系39）拍攝，照片中的黑色巨大瓦斯槽和鐵扶梯早已消失，高高的大煙囪依舊聳立，見證校園裡的滄桑變遷。

臺大實驗林

今（民98）六月十七—十八日，臺大退聯會舉辦一次「阿里山生態之旅」。參加同仁及眷屬共四十多人，兩日旅遊，大家快樂盡興而歸，是一次圓滿的旅程，十七日當晚，住宿阿里山山閣賓館，大廳設置有阿里山遊樂區觀光地圖，圖上標示有一地名「對高岳」。

我特別指出這是臺大的轄區土地，並向在場的同仁說明。大家都感到非常驚奇。到了阿里山，還有臺大轄區的土地。臺大實驗林管轄的土地面積32,786公頃，約台灣全省總面積的1％。地跨南投縣鹿谷、水里、信義三鄉，從濁水溪南岸海拔二二〇公尺至三九五二公尺玉山最高峰，海拔分布高低差達3,700餘公尺。林區內有亞熱帶、暖溫帶、冷溫帶、亞寒帶、寒帶五個森林植物氣候帶，植物及動物的種類豐富，是世界少有的一處學術研究教育林。

臺大實驗林畫分爲溪頭、清水溝、水里、內茅埔、和社、對高岳六個營林區，對高岳是其中之一。實驗林管理處設在竹山鎮，六個營林區距離竹山最近且交通最方便的營林區是溪頭和清水溝（鳳凰村），最遠的則是對高岳與和社，是實驗林管理處轄區的邊陲。也是臺大的校區邊陲。在這些邊陲高山林區，有許多自然保護區和豐富的森林資源。例如：對高岳樟樹巨木自然保護區、玉山高山生態系保護區、塔塔加雲杉保育區、東埔山紅豆杉保育林等。

塔塔加雲杉保育區位於和社營林區 **33.34** 林班，面積三四〇公頃，海拔高二〇〇〇—二六〇〇公尺。台灣雲杉（**Picca morrisonicola**）又名：玉山雲杉、白松柏、松羅杜，產於中央山脈海拔二三〇〇—三〇〇〇公尺高地。照片是一九六六年十月，作者在玉山登山口塔塔加鞍部調查雲杉天然林時留影，右下角有一簡陋的玉山登山標示木牌，上書「距牌雲山莊九公里」這裡的大片雲杉天然純林、林相優美，是塔塔加雲杉保育區的精華地帶。

四十多年前，塔塔加這一帶是鐵杉、雲杉原生林，只有攀登玉山的登山隊和林區工作人員偶而行徑這裡，平日少有人跡。後來新中橫公路開通、玉山國家公園管理處在此設立塔塔加遊憩區遊客中心，與阿里山森林遊樂區，連結爲旅遊一線，成爲新的森林旅遊景點。

塔塔加駿部玉山登山口臺灣雲杉天然林（1966.10）

經歷戰爭年代的機械舊館

在今日校園中，有校史館、文學院等已列入古蹟保存的古典建築，也有總圖書館／綜合體育館，凝態中心大樓等現代化建築。新舊館交融，唯獨學生活動中心後側的一棟老舊二層灰樓機械舊館，厚實堅固的四壁，灰色外牆，門窗狹小，從外表看去，猶如一座海防碉堡。孤立其間，顯得有些不協調。臺大人爲趕課而匆忙經過這裡，或悠閒的漫步其間，人來人往。很少人注意駐足片刻。想到爲何有這樣一棟古怪的建築，孤立在校園？

臺大前身台北帝大，創立於一九二八年，當時僅設文政、理農兩個學部。直到一九四一年五月始有工學部設立。是年十二月七日，日本偷襲珍珠港，炸毀美國海軍基地，引爆二次世界大戰。新設立的工學部需興建教學館舍，但由於財力不繼，同時也爲了戰時防空，免於爲盟軍轟炸目標，乃選在當時校區外的郊野，建起了兩棟不顯眼的二層樓房，外表再塗以灰色，前棟是機械館，後棟爲土木館。土木館早年已拆除改建爲志鴻館；後棟保留至今，於機械學系及研究所遷入新建工學院大樓後，成爲「機械舊館」。

回顧一九四四年五月三十一日，在美國軍機 B29 空襲台北的大轟炸中，舊總圖（今校史館）東側落彈六枚，彈片波及到文學院大樓的中央陽台。次年三月二十九日，一號館再遭襲擊，外牆鄰近的大王椰子樹幹上留下壘壘彈痕。樸實無華孤立在郊野田間的機械館，在歷次空襲台北大轟炸中，都能幸免波及，直到一九四五年八月，大戰結束，台灣光復。

機械舊館始建於二次世界大戰初期，經歷了戰爭年代滄桑歲月，曾在戰火陰影下走過，見證了二次世界大戰歷程，於今六十八載，跨越兩個世紀。值得留爲後人憑吊，發思古之幽情。

機械舊館屋頂已經翻修，外壁也新加塗裝粉刷。唯灰牆外貌依舊。中央進門左側牆壁上，尚保留著後來設置的防空標示牌，牌上標示著：

掩蔽建築物：機械系館大樓全部底層

編號：空襲避難區 E-2

說明：利用三層以上或堅固之二層建築，底層避難。戰時將用沙包堵塞門窗。

地質學館前的化石樹

位在鹿鳴堂西側的地質學館，是本校前身台北帝大時代的古典老建築。在當時的帝大理農學部設有地質古生物學科，已故的林朝棨教授是唯一的學生，林教授於一九三四年畢業後留校擔任助手，一九三七年赴長春任教工業大學，一九三九年轉赴北京，任教北平師大地質系。一九四五年八月日本投降台灣光復，十一月十五日本校成立，於理學院就原地質古生物學科改稱地質學系，即現今之地質科學系。一九四六年七月林朝棨教授自北平返台，受聘於母校地質學系教授，任教三十年，於一九七七年退休，林教授在本校任教期間，於一九六三年以研究「台灣第四紀地質」發表論文，享譽學術界，在地球史上，一八〇萬年前地質年代是最重要的時期，一九七七年為紀念林教授榮退，地質科學系特在系館前庭栽植了兩棵紀念，更是特別有其意義。

銀杏類起源於古生代的石炭紀，倡盛於中生代的侏羅紀，已有一億七仟萬年的悠久歷史，經過如此長久時間演化，在形態上還保有原始的面貌，是當今最古老的孑遺植物。

水杉在地質時期上白堊紀列第三紀，曾經廣泛分佈於歐洲、亞洲和北美洲，後因受到第三紀冰川的摧殘，僅在四川及湖北一帶狹小區域殘存，鮮少人知，一九四四年始在湖北利川縣磨刀溪一帶發現，當時成爲廿世紀世界植物學界的一大發現。經過採集種子送往世界各國育苗、培植，數十年後，水杉樹現已傳播到全球各地。

照片中的銀杏和水杉兩棵樹同時栽植，由於銀杏生長很慢，而水杉則是針葉樹中的速生樹種，栽植三十年後的今日，水杉比銀杏高出了很多。（路統信撰。關麗蘇攝影）

臺大校訓探源

傅故校長孟真先生，一八九六年三月二十六日出生於山東省聊城縣，傅家爲當地名門望族，亦爲教育世家，孟真先生幼年敏而好學，二十歲讀畢十三經，十三歲在天津考入府立中學，開始接受新式教育，後入北大預科，二十歲升入北大本科國文門。二十三歲投身文學革命，創辦《新潮》雜誌。一九一七年一月四日蔡元培先生就任北京大學校長，爲樹立北大優良校風，特別重視道德教育，乃於一九一八年一月十九日發起組織北大進德會，並發表所撰

←傅斯年半身塑像，閻振興題字。

↑傅斯年與弟弟傅斯巖

《進德會旨趣書》，傅斯年爲創始會員之一，信守進德修業，勤奮學習信條。一九一九年五四青年愛國運動，北京學生聯合會成立，要求罷免曹汝霖、張宗輿、章宗祥等人，拒簽巴黎合約。各校學生罷課遊行示威，傅斯年擔任遊行總指揮，青年時期抱負即有強烈的愛國之心，報國之志。此後更將弘揚中華民族的優秀文化，愛國精神與民族氣節凝聚於一生的教育事業中，並把振興中華的希望，寄望於青年一代身上。

一九四九年一月二十日，傅斯年接任台灣大學第四任校長，建章立制，廣聘教授，排除困難，短時間內即解決了當時最棘手的人事與經費兩大難題，建立學術獨立自由校風，爲臺大奠立基礎。當年十一月十五日傅校長在臺大成立四周年校慶大會上講話，以「敦品力學、愛國愛人」勛勉同學。此即臺大校訓「敦品勵學、愛國愛人」之所由來。事實上這八個字，也正是傅斯年先生一生最真實的寫照。

敦品勵學源自北大進德會之進德修業，砥礪研習，愛國愛人則由來於五四運動之發揚愛國精神。「敦品勵學、愛國愛人」之理念，早在青年求學時期已潛藏於傅斯年腦海中矣。

老照片爲傅斯年先生初入北大求學時與其弟傅斯巖合影（原照片存中研院史語所）

另一照片，爲臺大校史館正廳內傅斯年校長半身塑像，基座有閣振興校長題署「敦品勵學、愛國愛人」八字校訓。

洞洞館群中的兩幢將走入歷史

走進臺大校門，椰林大道左側的洞洞館群，人類學系館和哲學系館兩幢洞洞館即將拆除，改建人文大樓，保留農業陳列館，作爲臺大建築洞洞館的歷史見證。

民國五十年代，中國農村復興聯合委員會和台灣省政府，爲展示農村實施三七五減租及台灣光復後農業發展的成果，要興建一座永久性的展覽場館，乃商請臺大提供場館建築用地，當時錢思亮校長，樂觀其成，乃由農復會撥款，在新生南路校門內右側興建了一幢非常獨特別緻的洞洞館。這就是臺大的第一幢洞洞館——農業陳列館。

農業陳列館是由名建築師張肇康設計建造，這幢建築的特色是：

1. 基座挑高，一樓要上台階。
2. 以兩種大小不同的琉璃筒瓦排列疊成帷幕牆。

這就是大家稱爲「洞洞館」的來由。

3. 因爲建築的是農業陳列館，以綠色的小號筒瓦代表禾葉，桔黃色的大號筒瓦代表禾穗。建築外觀充滿了農產大豐收的喜悅氣息。

4.一樓外牆退縮，二、四樓出挑，一樓四面有迴廊。

農業陳列館是在一九六二年竣工建成。隨後，第二幢洞洞館。——農經農推館，位於陳列館東後側，在次年完成。十多年後，到一九七〇年，第三幢洞洞館——人類學系館建成，三幢洞洞館分別位在北、東、西三方，組成臺大洞洞館建築群，一直是著名的臺大校園一景。

一九八八年，農業綜合館大樓，在原有六號館的基地上建築完成，農經、農推二系遷回新館。空出的洞洞館成爲哲學系館。

現今哲學系與人類學系已先後暫遷水源校區，東、西兩幢洞洞館近期就要拆除，走入歷史，特就此短文保得記憶。

照片是在 1963 年拍攝，農推農經館初竣工，內部尚在粉飾裝潢中。路統信在此留影，四十七個年頭過去，這幢洞洞館也將走入歷史。

第四篇　退聯會紀行詩文選

2010 年 3 月 8 日，龜山島。

第十三章　社子花市、貓纜、十分瀑布一日遊

今年的春天不再是「淡淡的三月天」，出奇的溼冷，據氣象專家說是數十年來最冷的三月。看來地球這位「強人」生病了，可能也是生氣了，大家得小心！

退聯會的朋友們，我們選在三月十日這天來個台北市郊一日遊，期待的陽光普照落空，迎來的是細雨綿綿。這一整天，傘花朵朵開，也是因一種情調。

不到八點我們在校門口集合完畢，遊覽車隨即出發，慇勤的麗華、熱心的關姐，報告他們的例行公事。後排的我們顧著說笑，認識新朋友「華陽居士江奎章學長」，漫不經心的聽著，遊覽車不知往何處開？

不久竟停車在「陽明山溫泉博物館」旁，原來我們意外的到了陽明山，這裡不是今天的計畫內景點。雨還是下著，她就是不下大些，或許我們到的太早，博物館不開，附近徘徊流連，又到了四十多年前，我年少時曾來過的「煮溫泉蛋」的地方，現在大大的

不同了。

現在確實不同了，現在有建設，有柵欄把人和熱騰騰的溫泉湖隔開，使人少了一份熱刺刺的玩興。三三兩兩，只在步道上散步、閒聊，觀熱氣鬱蒸，加上早晨的空氣新鮮，只要這一點點自在、清淨，閒適的聊著，這趟車程便值得。我們現在要的不多！

十點多我們移駕到了知名的社子花卉廣場，這裡是結合了美食、園藝、花卉的一個大景觀廣場，但這珍貴的一小時我們只參觀各種奇花異草。

真的是極少見的奇花異草，有「吃素」有「吃肉」，西遊記中的「人參果」也有，觀之不盡。但我被一種號稱「地球上最強植物空氣鳳梨」所吸引，看板上的說明寫著「地球最耐旱、耐光、耐風、耐陰、耐熱、耐寒的植物，不需盆、不需土壤、不怕蚊蟲。」最適合懶人、忙人種的花。

「空氣鳳梨」取名有趣，也很漂亮（如下），屬鳳梨科，Tillandsia 屬，它還有網站，想進一步了解的人可到：http://www.wretch.cc/album/arwoo，相信可以看到更多神奇的世界！

在社子走馬看花不久，趕場到了貓空纜車，因非例假日人少，對我們較顯得輕鬆，沒有人擠人的壓力。貓纜營運多年了，我始終沒有「專程」去看熱鬧，這次有緣和本校退聯會來，是緣到了！

從動物園站到貓空站，全程約四公里，半個多小時，風景格外的好，茶園一帶的山區盡收眼底。長久以來，很多人問爲什麼叫「貓空」？一個有趣的說法是：「貓空無貓，故名貓空」。這說法不通，因爲貓空山區只要去找，一定能找到貓。

比較實際的說法，應與地形有關，由於貓空環山，有山泉順流而下，侵蝕各類岩石，形成坑坑洞洞的「壺穴」，當地人叫「ㄋㄧㄠ ㄎㄤ」（台語），音同閩南語之「貓空」。

到了貓空站，我們四下散步，山上景觀好、人少、空氣新鮮、又到處綠油油，自然心情也爽快。

按關姐的導遊計畫，我們走一條據說才完工不久的「樟樹步道」，沿路風景好，也有特殊的貓空早期農業時代的各種造景。如製炭、炒茶、養豬、土角厝、穀倉、老牛拉車等，取部份圖照以供雅賞。

早期貓空地區生活與炭窯息息相關，當年的製炭業，窯火開始燒時，二十四小時都要有人在窯邊顧火，就怕火熄了前功盡棄，又怕火太大把木材全給燒毀，以致流傳著一首有趣的諺詩：

尪顧七眠火，某顧七日火，尪某七日沒作伙，二人歸腹肚全火。

更加讓人體會到製炭業的辛勞，我們沿著樟樹步道走，兩側的茶園風光、景觀水池、牛車、牛（假的）、穀倉等農村意象，我們好像又回到農村田園的時代。

當我們從貓空乘纜車下山，趕赴深坑午餐、逛老街時，已是下午了，深坑老街任何時候都是人山人海的人街，她的魅功何在？

下午的時間不多了！我們留連於台北市郊外的一處世外桃園，相信我們當中很多人來過一不止一次，又因非例假日，人少靜謐，群山翠黛，綠波水漾，純樸的小村，一一粧點在這美麗的畫中，天地更覺寬廣，這是那裡？

平溪鐵道、十分瀑布風景區，範圍很廣泛，鐵道就有菁桐、平溪、嶺腳、望古、十分、大華等老車站和老街；及十分瀑布、四廣潭、煤礦公園、礦坑遺址等，很多人一定去過！

下午下著小雨，傘花開在鐵道旁，開在潭水邊，雙雙對對，用這難得的安靜時刻，想自己的心事，或三三兩兩，聊著人家的八卦。

四、五點的時候，雨下個不停，我們只好都蛸集在十分瀑布旁的店家，吃些零食，聊聊是非。看瀑布自數十公尺高處傾洩而下，洶湧壯觀，在潭中激起水花，霧雨濛濛，如夢似幻。

晚餐在一家叫「十分大瀑布政達餐廳」，當然又是一桌美食。原先關姐說「午晚餐、一好一差」，但我們享用的兩餐都豐富，中午在深坑那家叫「舜德農莊休閒餐廳」料好氣份佳，晚餐這家政達餐廳，美食外又有唱歌，這一餐怎一個「爽」字了得！

今天整天下著濛濛小雨，很有情調，從陽明山、花市、貓纜、深坑到十分瀑布，讓每個人吃香喝辣，好吃好玩，背後有辛苦的人，讓我這當「書記」的，不得不高舉右手呼喊「丁理事長萬歲！關麗蘇小姐萬歲！」

回程的車窗外看去「夜已深深」，可能陰雨天光線暗的關係。關姐報告未來行程，四月去採草莓，七月要到梅峰農場，大家請早報名。

十分回到臺大很快，八點不到已置身公館不夜城，好像從一個世界瞬間轉換到另一個世界，在車上也不時聽「華陽居士江奎章學長」講道，這有助於情境轉換的順當，感謝他！（臺大退休人員聯誼會書記陳福成　記於二〇一一年三月）

空氣鳳梨

貓空
樟樹步道
風景

轉轉穀倉
造型
涼亭
老樟的厝
轉轉穀倉以臺灣特有的古亭畚為外型設計，穀倉屋頂鋪設茅草，原本下方避免穀物受潮撐離地面的竹架，變化成旋轉的支承，使得穀倉可以自由旋轉，眺望不同方向景色，讓提供民眾休憩的涼亭多了點趣味。另外，社區大學農園旁的仿古紅磚厝造型涼亭掛著斗笠及蓑衣，坐在長板凳上讓四、五年級生想起種種的兒時趣事。

第十四章　苗栗一日遊：箋說政戰十四期參與「退聯會」之旅

本會幾位退休的教官（含總教官、主任教官），一向熱烈、積極的參與本會主辦的各項活動，在我以往的「書記」職責內，已有書寫。但這回出遊，有特別來賓參加，吳信義學長邀請同是政戰十四期的同學，張代春和江奎章兩位學長參與，難得有三位政戰十四期老大哥參加臺大的活動，故本文特爲箋說，以誌此一聯誼緣會，與各方分享。

說到「政戰」，我得先「拉關係套點交情」，我雖陸官出身，但與政戰有三重身份關係，我比照政戰廿一期、政戰政研所畢業，更重要我轉監察五年，幹了五年監察官。

所以，我除了是陸官的，搞軍事的我也是政戰畢業生，也是政戰幹部。

話歸主題。二〇一一年春，寶島正「虫二」之際（註），無常來個「日本大浩劫」，東京都知事石原慎太郎提出「天譴說」，慘雲疑惑也「改變了寶島的氣候」，久久沒有「虫二」的心情。

正此時，本會的「小關關」規劃這趟行程，當四月二十九日上午七點半，大家在校門口集合，每個人臉上報導了「寶島氣候已然改變」，天空、校園、花林，又見「虫二」！

不到八點，遊覽車上路，開向「虫二」美景。甫開車不久，美麗大方的麗華小姐爲每人來一客熱騰騰的咖啡，頓時天氣更加的好。麗華和關姐照例先報告今天的行程，主要節目有大湖採草莓、薑蔴園步道、三義佛頂山。

今天的新人介紹是第一次參加本會的政戰十四期張代春學長，他報告說：「我叫張代春，張大春是我哥哥，弟弟叫張小春。」這得進一步查證，倒是他介紹自己的另一半，「我太太陳鳳珠是一位畫家，在市政府教國畫。」也叫人羨慕有位藝術家妻子。他的夫人有「鳳珠彩墨天地任我游」部落格（http://tw.myblog.yahoo.com/sinygood），趣者可自行上網欣賞國畫的另

張代春先生的夫人陳鳳珠女士畫作

一種「虫二」。

台北到苗栗頗有一段路，我們在關西休息站小憩片刻。路途中當然是唱歌啦！「快樂的出航」、「真情」、「窗」、「情人」、「秋禪」、「舊情」……都讓大家回到過去，再年輕一次！而坐在最後排的，有樓將軍與夫人、張代春和江奎章二位學長及筆者，聽歌之餘，江奎章學長（自號華陽居士），帶領玩起「對對聯遊戲」，他的上聯是「天連水，水連天，不知何處是天邊？」他出示一份資料，是已做了下聯的朋友：

月印池，池印月，靈悟自諳明月止。（周蔚文老師）
地接山，山接地，莫辨那方為地角。（代春同學）
水連天，天連水，對岸看我是天邊。（李教授）
天是陽，地是陰，陰陽調合是太極！（健群）
山上人，人上山，山人相比誰較高？（華陽）

這是一種有趣的對聯遊戲，只要找到二個相對概念的單字，就可以配對出有趣的下聯，如「山與海」、「人與獸」、「統與獨」……看你發揮創意了！

快樂的時光飛快，前排在高歌，後排玩對聯遊戲或高談政戰十四期的豐功偉業，瞬間竟就到了大湖草莓園。

原先我以爲這是年青媽媽帶小朋友玩的遊戲，沒想到我們這些大朋友也採的不亦樂乎！我本來不打算採的，因爲回到家大多三分之二已壞（晚上證實是）。但大家都採的那麼有勁，熱呼呼的，我情不自禁的也帶了一盒，「樂翁之意不在莓」！

午餐，我們在「菊園客家庄」（大湖栗林村薑麻園 13 號），庄園古香古色，豐盛帶著古早記憶的客家菜，是近幾年來國內很流行的生活美學。菊園附近有唯美的古道山色、有亭台樓閣榕樹下，更有寧靜莊嚴的聖衡宮，奉祀觀音菩薩、天上聖母、神農大帝、至聖先師孔子、關聖帝君等，體現了我國自唐朝以來「三教合一」的思想信仰。

聖衡宮依山勢而建，視野廣闊，風景優美，廟堂巍峨。所以午餐後，我們在這裡留連許久，榕樹下閒聊，廟裡參拜觀禮，而我喜歡這裡的歷史和文學，我的筆記本留下宮門左右的楹聯，很有深意：

聖殿巍峩恩覃境靖三千界，

衡宮肅穆澤被民康百二州。

聖開覺路取義行仁同登道岸邀天眷
衡渡慈航修功積德各建神動感帝靈

聖律天下護國安民德澤興
衡平古今修宮築殿規模壯

這是聖衡宮門的楹聯，要靜下心讀才能領悟其意。宮門正前方有一亭台，大朋友們在亭中聊八卦，亭上幾個大字「晨鐘警世醒神州」，落款人是「東吳大學中文系張伊堯於一九八九夏月」。

下午二點多，我們又到了另一佛國世界，位於三義的佛頂山朝聖寺（正在整建中），由一群佛門龍象帶領居士、信眾，廣邀十方大德，共同圓滿一座淨土道場。未來可能是台灣次於佛光山、中台山、法鼓山、慈濟之後，第五個重要佛教叢林，雖尚未完成，但佔地甚廣，規模很大。

我們在園區參拜禮佛，四大天王、五大明王、藥師十二叉將、觀音菩薩諸佛菩薩，法相莊嚴，自然散發出一種清淨心和力量。

在佛頂山停留一個多小時，我們前往下一個景點，三灣永和山水庫，中途還在三義中華樟腦博物館小停片刻，參觀和購物。

到永和山水庫已四點多，天氣有些微涼，細雨濛濛，水庫的水快沒了！但景色怡人。尤以此刻，遊客稀少，我們是唯一的旅遊團，整個山水美景全歸本會獨佔，同仁們三三兩兩在堤頂步道、水岸散步，或涼亭中閒聊，悠閒自在得之不易，我們自然是要好好享用。

我和郭教授同行於步道，自然是要聽他講人生哲學的，此行更顯大大有賺。郭教授多才多藝，他是乒乓球高手，參加過多種國際大賽，他也是業餘書法家，如下的書法典藏在本校校史館中。

也許已近黃昏，永和山水庫益顯「虫二」情境，片刻如心靈沐浴，舒爽無比！

晚餐我們到了頭份鎮一家叫「牛欄窩」的茶館用餐，這名字很俗很土，但很夯（生意好），可見台灣人活在現代，卻心向古代，此種現象很普遍。下次定要請本會的哲學家郭文夫教授，針對此一

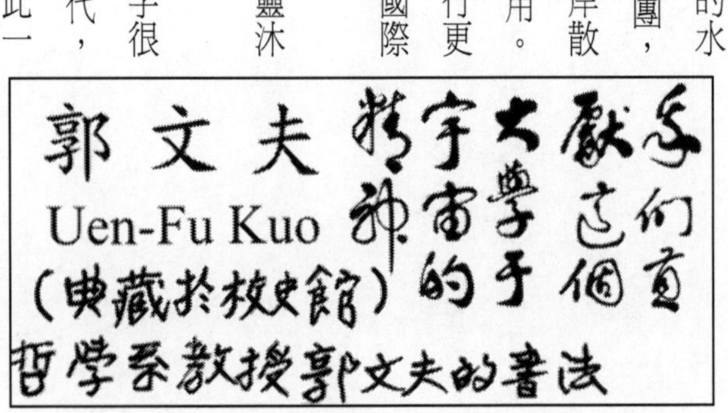

現象，剖析本質性原因，再由本書記向本會大朋友們報告。

牛欄窩吃的是豐盛的客家餐，其設施古香古色，保留許多農業時代文化和用品，就在頭份鎮上興里水源路，很值得平時小家庭聚會。

飽餐一頓，人人吃得肚兒圓圓。鄉下七點多，天色很暗，回程的路上是歡笑歌唱的季節，那種氣氛很像春天，這才是退休人員的「春天」。（筆者曾受到誤導，謂退休後要開創「第二春」，那簡直是人生的冬天，三個月我便不幹了！）

我發現本會每次的行程如詩，「**好行程始終如一，吃喝玩樂找神奇；走遍台灣看虫二，騾種結緣好時機。**」這得感謝關姐的用心安排，難怪那位政戰十四期的老大哥江奎章（華陽居士），要稱她「小關關」，她就是這麼叫人「可愛」！

今天的行程雖結束，但政戰十四期的文字遊戲並未結束，他們還在玩，我從部落格抄下少許供大家欣賞，「復興崗上二〇一一部落格」：

心隨相，相隨心，人生道路在心田。（恆宇）

你等我，我等你，天涯海角等你來。（小馬）

天降雨，氣升天，日頭眼裡沒有邊。（吉淵）

雞生蛋，蛋生雞，萬物進化有途徑。（蕭媽媽）

雲追風，風追雲，山窮之際看雲起。（JIN）

風伴雨，雨伴風，呼嘯狂舞不夜城。（信義）

雲上天，天上雲，最新科技是雲端。（育民）

手牽手，心連心，情到深處永無邊。（王化榛）

月照星，星拱月，銀河漫漫月悠悠。（鴻保）

山連峰，峰連山，峰峰相連到天邊。（金彩鳳）

在我所寫的本會多篇遊記中，本文爲較特別的小品，因爲也展示了政戰十四期退休人員多姿多彩的生活面，這是復興崗人文采風，與本校退和未退的朋友們共賞。（書記陳福成寫於二〇一一年五月。蟾蜍山萬盛草堂）

小註：本文「虫二」兩字之意是「風月無邊」，這個典故用法來自我國湖南岳陽樓一塊木匾「風月無邊」四字，故事源起呂洞賓。

據說呂洞賓最喜歡岳陽樓美景，又有洞庭湖的湖光月色相伴。某次呂洞賓在岳陽樓喝得酩酊大醉，守樓老人有慧眼，深感此人不凡，請呂洞賓留字在樓上，呂仙寫「虫二」二字，並不落款，老人請他落款並解釋「虫二」何義？呂仙說：「不必，不必」，五百年後，自有知者。」

此後五百年無人知「虫二」之義及何人所寫！直到五百年零一天時，有位書生到此一見，忽然高聲叫道：「喝！好一個風月無邊！」

「風月」二字去掉外邊，不正是「虫二」？「岳陽樓記」幾乎人人讀過，有機會本會可辦湖南之旅，到岳陽樓、洞庭湖，看「虫二」。

第十五章 秋天裡的春天：詩記苗栗南庄采風

題記：民國一百年十一月廿三日，臺大退休人員聯誼會苗栗南庄一日遊，詩誌之。

快樂的出航

掌門的師姐於不久前發出飛帖後

趕著時間的彩雲
一朵朵
亦有散佚的孤舟一艘艘
亦有異域飛返的天堂鳥
自八方起航

準時泊於臺大校門口
說三道四的一夥夥
車上妙語歡樂不可說
不可說

向天湖．賽夏族

天湖沒有湖怪，藏有秘密
遊人都想來探底
這裡最特別的是金木水火土
都有祖靈的ＤＮＡ
祖靈在湖邊森林飄渺
在子民眼眸繚繞
透過空氣、肌膚觸摸你
你是否感覺到

仰天視窗，碧海藍天
漫步林間，明鏡清淨
畢竟向天仰天接心最為寧靜
安靜得只剩下矮靈祭典的影子

我們像天鵝飛越湖面掠影
瞬間　劃過

南庄老街

你古早古早的時候
手挽著情人在這裡尋夢
而今，那夢早已陳舊、歸檔
或硬化成記憶的化石

走進南庄老街

記憶瞬間從化石甦醒
醒來的不是一隻長毛象
而是美美的夢
似又回到了老家

南庄桂花園

遠近聞名的是桂花園
總以撲鼻的香迎賓
賓至如歸

餐後在石椅小憩
看風
風說：我太老了
看秋
秋說：想知道什麼？問落葉

落葉說：此刻的秋無心
只有秋月春風
好讓你思念一個人

花萊溪賞魚步道

這裡的魚寂寞很久了
最近牠們整頓家園　盛粧打扮
邀請各方賓客
說是來賞魚
我們是首批被邀請的訪客

魚兒們準備了精彩的歌舞秀
牠們身段柔軟　謙沖可敬
時而順流下游　翩翩起舞
或一個回眸　逆游而上

引得遊客佇足　鼓掌叫好
但有人忽忽而過說沒看到魚
有人說看到魚
也看到前世今生和記憶

轉一個彎，撞見
一片秘境　是各種野花的服裝秀
有陽光在風的弦上彈奏
流金朝你鋪展開來
前面的光景
好好

永和山水庫

微涼的寒意
把詩寫在晚風中

歌，給水庫的魚兒聽

老遠聽見魚兒悄悄論辯
要唱那一首迎賓曲
省略了所有禮儀客套
晚霞以鮮明的意象陪伴每個人的腳步聲
晚風最寫意

我們輕輕悄悄的閒話自己的故事
也說給魚兒聽
世間喧嘩是非或人魚之間
此刻，沒了差別對待

安靜喚醒一隻沉睡的獸
埋伏多年的記憶飄然現身

隱藏的心事頓然浮現
多年後你定會記得永和山水庫的晚風
因為風中銘記自己的夢和心事

牛欄窩

一到牛欄窩
台北就成了邊陲
這窩裡才是我們的核心

因為文明過了頭就是野蠻
我們只好遠離文明
找尋古文明
古文明在牛欄窩
窩旁的奇石古甕老茶壺演說古今史
當一桌子擺滿客家美食

才發現　每道菜都有流派
桌長喊一聲開動
每人揮動手上的倚天劍和屠龍刀
酒足飯飽　全都是贏家

最牛的是　牛欄窩的老闆
他說：米飯也可以打包

異邦與故鄉——給 Kelly

異邦與故鄉距離多遠
萬重山或是一張紙
異邦四季也有冷有熱
獨缺故鄉的溫暖

大多時候太平洋的寬度很薄

再薄　再薄
比一張紙
更薄

小記：散文書寫和詩歌，在語言詞句運用上方法不同，這次本會出遊的紀行用詩表達，請雅賞並指教。台北公館蟾蜍山萬盛草堂主人，陳福成記於二〇一一年秋。

第十六章　春季淡水三芝賞櫻

——一日晃蕩悠悠遊

人生何時能像一朵白雲，行止悠悠。沒有退休時，只能說說，偶爾想像，不知所以，不識白雲，因爲未經實證檢驗。

這回安排淡水三芝賞櫻一日遊，感覺上最像白雲悠悠，大家不急不徐的，一日晃蕩悠遊，竟也穿梭了多種世界。左岸、十三行博物館、天元宮賞櫻、緣道觀音廟禮佛喝咖啡、紅毛城、漁人碼頭看黃昏霧景。忙的是遊覽車司機和麗華小姐，他們是該忙的，除了代表就業率，他們年輕要有正常的工作；而我們是退出事業舞台的人，該像一朵白雲，快樂悠遊。

有時快樂和客觀（社會、政情）環境有關，例如身處一九四九年的你絕對快樂不起來。但二〇一二年，大選才剛結束，且代表安定、安心與繁榮的一方勝選。有了安定安心的定心丸，是台灣觀光產業的保證。

代表三月的那首歌「淡淡的三月天」也表示這個時節有些冷、有點雨，才能喚醒杜鵑花魂早些來。果然，今天才三月七日，校園、野外的杜鵑花，有些已經開始向遊人撒嬌。

九點不到，我們先到八里左岸。非假日，又有些早，除了我們，就是微風、細雨、輕霧，及三三兩兩散步的人們，吸著未標價格而最有價值的空氣。這些年，八里左岸很紅，這和「左」字有關，人心好奇，潛藏著造反因子，大陸就是這種心理因子形成的動力，才使河出變色。但現在我們不是到左岸造反的，現在的「左」代表悠閒自在，也確實，整個八里真的改頭換面了，這裡的政府有在幹活，給他們鼓勵。

十三行博物館，很多人一來對「十三行」好奇，問著「爲什麼叫十三行？不叫十二行或十四行！」有的進去逛了一圈出來還找不到答案。本文先公告答案，滿清時代這裡住著十三家生意人，專經營兩岸貿易（把大陸貨運來北台灣），此後這裡就叫「十三行」。但「十三行博物館」展示的，是台灣更早的先民鐵器文化，大約是距今一千八百年前（漢末、三國），到五百年前（明朝中葉）。我們在館內有意無意的閒逛，透過各種解說，也深刻感受到人類歷史的奇妙，及保存史前史的必要性。

午前一小段時間我們到達淡水北新路的天元宮，這裡也是賞櫻的好地方，佔地頗廣，我們並沒有時間逛完全部景點。尤其天氣不很配合，濃霧細雨飄飄。還是看到許多美女與花爭艷，都說「人比花嬌」，其實花亦「無言說法」，曰「無聲勝有聲」，又曰「凡所有相皆虛妄」。

外面天氣不佳，我們多數人便在宮內禮神拜神。天元宮奉祀主神是玉皇大天尊玄靈高上帝，正殿恭奉先天至聖無極聖祖、彌勒尊佛、三皇聖尊（天地人三皇）、太白星君、南海觀世音菩薩、孚佑帝君呂仙祖等神聖。

上述諸神中，「玉皇大天尊玄靈高上帝」是何方神聖?乃現任玉皇大帝關聖帝君也，即我國武聖關公關雲長（有關他的電影、電視正在夯），在道教稱關聖帝君，在佛教稱伽藍菩薩，目前正輪值「玉皇大帝」之職。（註：按我國民間信仰及道教神論，玉皇大帝一職爲輪值，並非永久由一神擔任，欲知其詳可讀另余所著《中國神譜》一書，文史哲出版社。）

午餐後，我們一行參訪也在淡水的緣道觀音廟。在此小憩，也因天氣不佳躲進室內喝咖啡聊是非。我觀察此處，似有一些意見（或問題），這裡的餐廳有葷食，若按稱「廟」屬道教，便沒有問題。但開山祖稱「佛乖宗第二代祖師　緣道菩薩」，叫「菩薩」又叫

「佛乘宗」，便是正宗佛教，怎能在道場內賣葷食？這讓我質疑是否「正信佛教」？難道是日本佛教嗎？日本和尚可吃肉喝酒，那已是邪教。這是我的疑問！

紅毛城，我們不知看了多少回！我一樣有意見，城上始終掛著英國國旗，殖民早已結束又無邦交，幹麻一直掛人家的國旗；而我們自己的國旗，則是「躺」著掛，爲何不站立起來高掛？

還是漁人碼頭的黃昏氣氛好，晚餐前一小時多，大家在碼頭附近漫步想心事，一夥人從情人塔逛到情人橋，參觀五星級大飯店，打探睡一晚要多少錢！悠悠閒情無限好，人生最美的是晚霞，最自在的是黃昏，不錯！

回程的車上，除了歡唱，大家議論著四月去那裡？何處風光好？去看看奇珍異獸，吃吃美食！臺大退聯會，我們愛你，也謝謝關姐，爲臺大退休人員帶來這麼多快樂的活動，留下許多美好的回憶。（陳福成，二〇一二年三月九日）

以下再用現代詩語法，把今天所到參觀賞玩之處，以詩寫表達，那是另一種不同的美感。通常詩要意境、想像，不能太清楚明白；散文則要清楚明白，這是兩種文體的不同。

左岸賞春

春意微涼襲來　細細諦聽
右岸有聲音傳來
左岸也有細雨微風
兩岸都讀不懂春天
真正懂得賞春的
是中間

我們是一群揚棄左右的魚兒
因為魚兒不靠左也不靠右
只在河裡游
我們到左岸賞春
但春天不在左也不在右
夜晚的星星也是

聽魚聲

在漁人碼頭
聽魚在牠們的世界中慶賀
這裡的漁人不捕魚了
他們
捕觀光客

人的寂寞深邃
如我們魚族悠游的深海
有時會像海嘯湧起的山峰
獨與孤都是無解的習題

但，魚說
讓我叼住你們的寂寞
拽走
藏於深海

天元宮賞櫻

看見一朵櫻花展示她的美麗
要等待幾個春天
花期苦短
不是你等不到她
就是她等不到你

終於相見
粉色、紅色、重辦
走在伸展台上
豐盈之美
一朵搭著一朵
成群結隊從你眼前走過
好好看

風雨是外面的
八卦是屬人的
這瞬間的美
證實了天堂的存在

紅毛城

古城・殘檐
每塊磚瓦是一個嘆息
風雨始終沒停
經兩個世紀
紅毛轉世成美牛
欲再殖民

老樹一聲一聲抽泣
因為人們死硬說這已是古蹟
明明是米字旗的兄長
霸凌弱小
古城是醒的
而人
還在沉睡

小註：二〇一二年三月間，「美牛」問題正衝擊著小島，美國牛蠻橫不講理，向所有弱小衝撞，台灣經不起撞，只好叫美牛把我們吃了！

提筆如椽寫山海

筆，提起
叫春來
喚醒櫻花盛開
也把生活寫在
彩蝶紛飛的彩虹世界裡
使每個詞句都生機盈舞

提起，筆
叫山川屹立
溪流嘩嘩
橫空出世又一幅
漁人捕魚
以及你的心聲
試圖對山與海進行永恆的論辯

一日春光十四行

彷彿，前世已經預約的
左岸春光或十三行的古人

而櫻花為誰，打開了暗香浮動的心房
花瓣上的各種顏色，是不同的心事
光陰的河流，帶走片片落英
為捕住瞬間的記憶
吸引滿山遍野一隻隻感傷的蝴蝶

心情是一朵朵飄在天空的雲
隨意紛飄　與眾神相遇
天元宮眾仙佛　觀音廟的菩薩
共成一場無言法會
櫻花、桃花、李花　色相嬌艷
心靈純淨　這樣的美景
全都寫入我們每個人的十四行故事裡

註：十三行是指八里十三行，而十四行是詩體的一種。

第十七章　那晚師父這麼說

——記星雲大師在臺大與師生分享「學思歷程」

那晚聽師父演講完，我一路走回家，很晚了，心情很複雜。師父的生涯規劃多麼完善，而自己，回首前塵，只能以「一場糊塗」名之。雖到「一樹梨花」之齡，猛然覺悟要奮力圖強，多又因資質定力等均不足，一暴十寒，蹉跎半生，而一事無成！

相較師父（註：雖然我是皈依在他座下，算是臨濟宗第三十九代弟子，但百分之萬萬，師父鐵定不知道亦不認識有我這位弟子，因為那次皈依大典，據說人數上萬，師父他老人家這輩子收的徒兒，可能已破百萬之眾！），他的智慧、人格、能力……不知如何形容！

我內心受到衝擊而尚未平穩之際，關姐要我針對大師那晚的演講內容，寫一篇報導，正好那晚我和關姐一同去聽，我全程到尾都做了筆記。以下根據自己筆記、印象、感想，略記要點並述己見。

「我的學思歷程」是本校通識課程之一部份，邀請各界領袖人物來校，爲同學們講述他們的學思歷程，通常凡本校教職員也能聆聽講座，充份體現本校自由學風之一貫精神。

這回邀請來校演講的是大名頂頂、一代高僧星雲大師。時間在今（二〇一〇）年十二月七日，晚上七到九點，地點就在校本部的國際會議廳，當晚擔任主持人是校長李嗣涔教授。校長首先表示，星雲大師長年推動人間佛教，能聽大師演說，是很有福氣的事，是臺大師生的榮幸。

兩小時的演說，大師不只暢談經歷的八個人生階段，更以深入淺出或用說故事，爲學生講法與解惑，回答學生有關生死、愛情、執著等問題。過程妙語如珠，嚴肅的功課，幽默的表達，偌大的會議廳不時傳來會心的笑聲。

大師把他的一生學習經過，以每十年爲一單元，區分八個階段，是今晚演講的主線。

第一個十年「成長時期」。因爲私塾要四個銅板，家太窮沒上學，大師小時候認字由不識字的母親所教。大師說，感謝父母給他好性格，從小在掃地、燒火中，培養勤勞、慈悲之心，歡喜與人結緣，歡喜與人共享共有。

第二個十年「學習時期」。那個時代人們的就業有所謂「揚州三把刀」，即剃頭刀、菜刀和修腳刀。十歲時中日戰爭，想參加遊擊隊打鬼子，十二歲無意間做了和尚，開始學習做人的新觀念，深刻體認到「你對我錯、你大我小、你有我無、你樂我苦」之妙理，對爾後人生產生重大影響，都是這些觀念的引導。

大師爲解釋這種觀念，講一個故事。有兩個家庭，一家都是好人，但家中幾乎天天吵架；一家都是壞人，但家中從不吵架。爲何？

一家都是好人的家裡，每個人都自命錯不在己。打破茶杯時，甲怪乙茶杯不該放那，乙怪甲粗心。人人都認爲自己是好的，絕不會有錯，若有錯必是別人，因此天天爲細小事吵不完的架。

一家都是壞人的家裡，每個人都承認自己有錯。打破茶杯時，甲說對不起我太粗心，乙說自己有錯。人人都認爲自己有錯，不是完好的人，凡事先認錯，因此家中從未吵架。

第三個十年「參學時期」。這個時期大師向很多法師、大德學習，醞釀出「以衆爲我、以退爲進、以無爲有、以空爲樂」的性格，因而從未離開衆人。大師誦一禪詩與大共勉，「**手把青秧插滿田，低頭便見水中天；身心清淨方為道，退步原來是向前。**」

第四個十年「文學時期」。堅定「弘法是家務、利生爲事業」信念，以文學做護法，勤寫小說、散文闡揚佛法。也從文學創作領悟經上所說「不忘初心」（華嚴經）、「不請之友」（維摩經）、「不念舊惡」（八大人覺經）、「不變隨緣」（大乘起信論）的道理。雖歷經戰亂和時局的動盪，乃至各種利誘、威脅，還是堅持初心，把出家人做好，做下去，始終如一。

第五個十年「歷史時期」。深感自己對歷史要有交待，乃創立佛光山，設訂四大宗旨（教育培養人材、文化宏揚佛法、慈善福利社會、共修淨化身心），爲佛光山存在與努力的目標。經數十年努力，雖有成績，但「光榮歸於佛陀、成就歸於大眾、利益歸於常住、功德歸於信徒」，雖有困難，都能克服，正派最重要。

第六個十年「哲學時期」。這個時期大師思考佛光山爲開展人間佛教，積極與眾生結緣，須提昇哲學信念，用眾生最簡易的語言；於是提出「給人信心、給人歡喜、給人希望、給人方便」，這便是大師常說的「四給」哲學。另一方面，當然不要給人煩惱、給人仇恨、給人批評。

我們要如太陽，給人溫暖，給人笑容，給人好話和鼓勵，多爲人家想，給人希望，因爲人活在希望中。

第七個十年「倫理時期」。出家並非無家，倫理是自然天成，是人類社會維持穩定發展最重要的關係，出家生活也仍在倫理規範內。兩岸開放後，大師接母親來台奉養；每年佛光山舉行親屬會，讓父母了解兒女的佛門生活。

大師強調，倫理維持社會穩定，讓人我和敬，家庭和順，國家和世界都和平。

第八個十年「佛學時期」。創設國際佛光會，使人間佛教遍佈五大洲，並用四句偈與所有信眾共同勉勵：「慈悲喜捨遍法界，惜福結緣利人天；禪淨戒行平等忍，慚愧感恩大願心」。大師走過這八個十年，接下來大師說，要繼續推動人間佛教，弘揚佛說的、人要的、淨要的、善美的，讓佛法融於人們的生活。

大師最後總結說，生命是圓的，而非直線，有生必有死，所以生不必喜，死亦不必悲。從年少弘法迄今，一路走來，一人做五人事，等於「活了三百歲的人生」。

以上，那晚，師父如是說。其實我聽過很多回了，每年總要上佛光山一、二次，每次都覺得爲什麼大師做得到，而自己卻做不到，反省自己的前半生，原來自己在「要、欲、得」中沉淪。總想錢拿更多！事能少做！欲望很多！得到最多！最美的女人就是要給自己……

再一次聽大師開示，原來人生有更好、更有境界的可能，那是一塊更大更大的版圖。我們也得承認自己有錯，我們不必佔有一切，也給人一些，能給能捨才是最有福份的人。諸君！何時能聽懂這樣的語言，六十？七十？

又何時能力行實踐？六十？七十？就快要沒機會了！與諸君共勉之。（退聯會書記陳福成寫於師父演講後一週，因筆記不夠快，內容不夠完整，但大意不致有誤，見諒！）

本書編者著編譯作品目錄

幼獅文化出版公司	（性質）	（定價）
1.國家安全與情治機關的弔詭		200 元
大人物出版公司		
2.決戰閏八月：中共武力犯台研究		250 元
3.防衛大台灣：台海安全與三軍戰略大佈局		350 元
4.非常傳銷學（合著）	直銷教材	250 元
黎明文化出版公司		
5.孫子實戰經驗研究	兵法研究	290 元
6.解開兩岸十大弔詭	兩岸解謎	280 元
7.大陸政策與兩岸關係	政治研究	280 元
慧明出版社		
8.從地獄歸來：愛倫坡（Edgar Allan Poe）小說選		200 元
9.尋找一座山：陳福成創作集	現代詩	260 元
全華出版社		
10.軍事研究概論（合著）		250 元
龍騰出版社		
11.—14.國防通識（著編）	高中職學生課本	部頒教科書
15.—18.國防通識（著編）	高中職教師用書	部頒教科書
時英出版社		
19.五十不惑：一個軍校生的半生塵影	回憶錄	300 元
20.國家安全與戰略關係	戰略・國安	300 元
中國學四部曲：		
21.首部曲：中國歷代戰爭新詮	戰爭研究	350 元
22.二部曲：中國政治思想新詮	思想研究	400 元
23.三部曲：中國四大兵法家新詮（孫子、吳起、孫臏、孔明）		350 元
24.四部曲：中國近代黨派發展研究新詮		350 元
25.春秋記實	現代詩	250 元
26.歷史上的三把利刃	歷史研究	250 元
27.國家安全論壇	學術研究	350 元
28.性情世界：陳福成詩選	現代詩	300 元
29.新領導與管理實務：新叢林時代領袖群倫的政治智慧		350 元
秀威出版社		
30.赤縣行腳・神州心旅	現代詩・傳統詩	260 元
31.八方風雨・性情世界	詩・文・評	300 元
32.男人和女人的情話真話	人生真言・小品	250 元
文史哲出版社		
33.一個軍校生的臺大閒情	詩・小品・啟蒙	280 元
34.春秋正義	春秋論述・學術	300 元
35.頓悟學習	人生・頓悟・小品	260 元
36.公主與王子的夢幻	人生・啟蒙・小品	300 元
37.幻夢花開一江山	傳統詩詞風格	200 元

38.奇謀迷情與輪迴（一）被詛咒的島嶼	小說	220 元
39.奇謀迷情與輪迴（二）進出三界大滅絕	小說	220 元
40.奇謀迷情與輪迴（三）我的中陰身經歷記	小說	300 元
41.春秋詩選	現代詩	380 元
42.愛倫坡（Edgar Allan Poe）經典小說新選		280 元
43.神劍或屠刀	思想研究	220 元
44.洄游的鮭魚	四川重慶成都之旅	300 元
45.山西芮城劉焦智「鳳梅人」報研究	春秋典型人物研究	340 元
46.古道・秋風・瘦筆	春秋批判・小品	280 元
47.三月詩會研究：春秋大業十八年	三月詩會研究	560 元
48.台灣邊陲之美	詩・散文	
49.奇謀・迷情・輪迴小說（合訂本）		760 元
50.在「鳳梅人」小橋上：山西芮城三人行	旅遊、考察、文學	480 元
51.中國神譜（著）	中國民間信仰研究	680 元
52.我所知道的孫大公：黃埔二十八期孫大公研究	春秋典型	320 元
53.找尋理想國 ── 中國式民主政治研究要綱	政治思想	160 元
54.漸凍勇士陳宏傳 ── 他和劉學慧的傳奇故事	勵志典型	260 元
55.大浩劫後 ── 日本東京都知事石原慎太郎「天譴說」溯源探解		160 元
56.第四波戰爭開山鼻祖賓拉登 ── 及戰爭之常變研究要綱		180 元
57.臺大逸仙學會 ── 兼論統派經營中國統一事業大戰略要領芻議		280 元
58.金秋六人行：鄭州山西之旅		640 元
唐山出版社		
59.公館臺大地區開發史	地方文史研究	200 元
60.從皈依到短期出家	不同人生體驗	240 元

購買方法：

方法 1.全國各書店　　方法 2.各出版社

方法 3.電腦鍵入關鍵字：博客來網路書店→時英出版社

方法 4.時英出版社　電話：（02）2363-7348、（02）2363-4803

地址：台北市新生南路 3 段 88 號 3 樓之 1

方法 5.秀威資訊科技公司　電話：（02）2796-3638

地址：台北市內湖區瑞光路 76 巷 65 號 1 樓

方法 6.唐山出版社：（02）8369-2342

地址：100 台北市羅斯福路 3 段 333 巷 9 號 B1

方法 7.文史哲出版社：（02）2351-1028　郵政劃撥：16180175

地址：100 台北市羅斯福路 1 段 72 巷 4 號

附記：以上各書凡有訂價者均已正式出版完畢，部頒教科書未訂價。另有未訂價者均在近期出版。